构建培养语文核心素养的课堂

李树渭◎著

燕山大学出版社
·秦皇岛·

图书在版编目（CIP）数据

构建培养语文核心素养的课堂 / 李树渭著．—秦皇岛：燕山大学出版社，2022.5
ISBN 978-7-5761-0365-6

Ⅰ．①构… Ⅱ．①李… Ⅲ．①中学语文课－课堂教学－教学研究－初中 Ⅳ．① G633.302

中国版本图书馆 CIP 数据核字（2022）第 097565 号

构建培养语文核心素养的课堂
李树渭　著

出 版 人：陈　玉				
责任编辑：张岳洪		策划编辑：张岳洪		
责任印制：吴　波		封面设计：吴　波		
出版发行：燕山大学出版社 YANSHAN UNIVERSITY PRESS		地　　址：河北省秦皇岛市海大街西段 438 号		
邮政编码：066004		电　　话：0335-8387555		
印　　刷：英格拉姆印刷(固安)有限公司		经　　销：全国新华书店		
尺　　寸：170mm×240mm 16 开		印　　张：15.75		
版　　次：2022 年 5 月第 1 版		印　　次：2022 年 5 月第 1 次印刷		
书　　号：ISBN 978-7-5761-0365-6		字　　数：210 千字		
定　　价：64.00 元				

版权所有　侵权必究
如发生印刷、装订质量问题，读者可与出版社联系调换
联系电话：0335-8387718

序　　言

优秀教师的成长都是在课堂教学的不懈探索中炼成的。

与树渭老师相识于一次听课，正是国家第八次课程改革之际。在非县城的普通学校里，他清晰的教学思路、合理的课堂结构、适宜的教学效果令我眼前一亮。之后十几年，他由无名教师成长为省级教书育人楷模，始终在课堂扎根、拼搏。基于真实的课堂做研究，不断改进自己的教学，其独特的思考与实践难能可贵，也值得我学习。

课堂教学是教师的专业教学实践，其专业性体现在教学方案的设计、实施与评估。课改以来，教师育人价值的追求与教学理念的更新主要体现在对教与学的关系把握上，是以教为主，还是以学为主，这是判断教师专业性与教学水平的关键视角。以专业性的视角考量，教师的所有教学决策都应是基于学情的、学理的，而不是任性妄为的。具体到每一节课教学实施之前，教师应该明确为什么要教这些内容，怎样教，教的结果会如何，这样的思考外显为教学方案的写作，这个方案专业与否，是优秀教师与一般教师的区别所在。本书中的三十个课例，均呈教师为什么这样教的思考，我们在研读中会唤起自身的专业认知，在对比省察中发现书中设计的独到之处。

教学设计从教师立场转向学生立场，即关注学生怎么学，学会了什么，并不是一蹴而就的事。近年来关于语文学科教学设计的变革实践有很多，比如学案、学程、导学案等等。单篇课文的教学设计与群文阅读、整本书阅读、项目化学习的设计也涌现出很多样式，哪一种更合理、更专业？在众说纷纭的情况下，我们阅读任何一种类型的学案或学程首先应抱有审视的眼光，其次要看它是否基于课程标准，是否有利于学生建构新的知识、能力地图，是否有利于师生交流学习与评价学习结果。教学设计是一种专业行为，能在这个专业书写层面有所探索或创新，都值得我们学习和借鉴。

课堂教学转型是当下所有教师面临的急需突破的问题，从走进人们视野的时间维度上看，群文阅读、整本书阅读、单元整体教学、主题学习、深度学习、项目学习、大单元等学习方式与教学范式不断涌现，各方研究者的解读与实践也是异彩纷呈。教师怎样将其转化为自己的教学行动并开发相应的课例是一件需要选择以及不断坚持的课题。本书呈现的部分整本书阅读设计以及单元整体教学设计是工作室团队的实践思考，有些设计是为出版机构量身定制，从教学角度讲，仍需调整和完善。树渭老师的创意体现在对整本书阅读的要义把握和切近学生发展区灵活有趣的活动以及评价项目设计上，对不同教学范式的探索。本书最大的特点是基于学生感知能力设计活动，具体明确呈现学生在课堂中学会了什么。

课堂是语文教师的立身之本，每个人都在用自己的课堂诠释语文课是什么。在树渭老师看来，"语文课应是一次次旅游，边走边看，边走边赏，览尽一路上的风景，到达目的地，不论那里风光如何，一路走来已是收获满满。语文课不应是一次次的出差，直奔目的地而失掉来路上的那些花团锦簇、那些碧海长天。如果语文学习失掉了过程、那就无异于一次次出差。"这本书用课例诠释成长，用课例记录其一路旅行的过程、渐进思考和蜕变行动的过程，也让我思考自身的语文之旅是否也有如此风景。感谢树渭老师，给了我这次思考的机会，也祝愿阅读本书的同人拥有自己的语文风景。

杨菡荣

2022 年 5 月 1 日

目 录

第一编　关注核心素养　构建科学课堂

第一讲　构建囫囵科学的课堂学习结构
　　　　——以《天上的街市》为例……………………………………………3

第二讲　培养好"自主·合作·探究"学习方法
　　　　——以《生命 生命》为例………………………………………………12

第三讲　做好随文学知识这件事
　　　　——以《白杨礼赞》为例…………………………………………………22

第四讲　学小文，做加法
　　　　——以《夸父逐日》为例…………………………………………………33

第五讲　想落天外的童话世界
　　　　——以《皇帝的新装》为例………………………………………………39

第六讲　基于学情的有侧重性突破的学科素养濡染
　　　　——以《云南的歌会》为例………………………………………………44

第七讲　做止于文本的写人叙事散文的阅读
　　　　——以《背影》为例………………………………………………………52

第八讲　关注核心素养的科普说明文教学
　　　　——以《被压扁的沙子》为例……………………………………………60

第九讲　问题的组合呈现
　　　　——以《安塞腰鼓》为例…………………………………………………68

第二编　统编教材背景下的单元整体教学

第十讲　拎出一主导　贯通整单元
　　　　托物言志是抒怀说理的好方法
　　　　——以七下第五单元为例…………………………………………………75

第十一讲　基于学科素养的深度学习
　　——以九上第三单元为例 …………………………………… 83
第十二讲　驾驭项目式教学、单元整体教学双翼
　　开启统编教材"活动·探究"单元学习之旅
　　——以八下第四单元为例 …………………………………… 92
第十三讲　赏析式群文阅读
　　——以《信客》《哦，冬夜的灯光》《旅伴》群文阅读为例 …… 98

第三编　找到撬动自读课文的点

第十四讲　自读课文之主问题突破阅读
　　——以《一滴水经过丽江》教学设计为例 ………………… 115
第十五讲　自读课文之批注赏析阅读
　　——以《走一步，再走一步》教学设计为例 ……………… 120
第十六讲　自读课文之比较延展阅读
　　——以《一棵小桃树》教学设计为例 ……………………… 123
第十七讲　自读课文之读写结合阅读
　　——以《女娲造人》教学设计为例 ………………………… 128
第十八讲　自读课文之文学沙龙品鉴阅读
　　——以《昆明的雨》教学设计为例 ………………………… 132

第四编　文辞与章法共筑的真情作文

第十九讲　有序列、有突破、有策略
　　统编初中语文教材作文教学的科学高效实践
　　——以七上第二单元写作"学会记事"为例 ……………… 139
第二十讲　指代性命题作文写作 …………………………………… 152
第二十一讲　明比喻，巧定体　突破含比喻词命题作文的写作
　　——以写作《那一支春天的歌》为例 ……………………… 157
第二十二讲　小巧灵活的微课作文
　　——以七上第六单元为例 …………………………………… 169

第二十三讲　学会写一个人的几件事
　　——以《那个影响了我的人》写作为例………………… 172
第二十四讲　师法经典，琢文章之美玉
　　——以仿写《邓稼先》为例…………………………… 176
第二十五讲　读写结合这些事儿…………………………………… 182

第五编　整本书阅读

第二十六讲　基于项目式学习的名著阅读
　　——以《西游记》导读为例…………………………… 191
第二十七讲　边学边做边得的低段整本书阅读
　　——以《战国故事》导读为例………………………… 201
第二十八讲　三维立体的名著阅读
　　——以《艾青诗选》学程设计为例…………………… 209
第二十九讲　散点透视经典的美
　　——以《白洋淀纪事》学程设计为例………………… 225
第三十讲　走近真实，遇见文学　纪实文学阅读之旅
　　——以《红星照耀中国》推进性阅读为例…………… 234

第一编

关注核心素养 构建科学课堂

第一讲　构建囫囵科学的课堂学习结构
——以《天上的街市》为例

  一个优秀的学科教师，建构每一堂课的合理课堂学习结构就是他最近的教育梦想。道理是浅显的，累迭的成功也是从最初的零开始的。经验可以在实践中推广，知行合一，慢慢地就会有更多的理想课堂。

  所谓学习结构，何克抗教授指出，是指在一定教育思想、教学理论、学习理论指导下的，在某种环境中展开的，由教师、学生、教材和教学媒体这四个要素相互联系、相互作用而形成的教学活动进程的稳定结构形式。

  本讲题目"囫囵"取"完整、整个儿"意，有圆融、有机的内涵，是相对于机械或零散的课堂学习结构而言；"科学"是说教学过程设计应符合学生的认知心理需求。囫囵科学的课堂学习结构是指既能充分调动教师、学生、教材和教学媒体这些要素，也能灵活调动合理的教学方法、学习方法，圆融地完成既定的学习目标。当然这里的前提是设置准确、科学的学习内容（体现在教学设计上是教学目标）。

  囫囵科学的课堂学习结构是符合学理的。

  一个优秀的学科教师，建构每一堂课的合理课堂学习结构就是他最近的教育梦想。道理是浅显的，累迭的成功也是从最初的零开始的。经验可以在实践中推广，知行合一，慢慢地就会有更多的理想课堂。美国认知心理学家奥苏伯尔是这样阐述它的重要意义的："每当我们致力于影响学生的认知结构，以便最大限度提高意义学习和保持时，我们就深入到了教育过程的核心。"

这里要强调教育心理学。德国心理学家赫尔巴特说："教育者的首要科学，不是全部科学，是心理学。人类活动的全部可能性的概要，均在心理学中从因到果地陈述了。"他充分运用心理学来论证教育上的各种问题。切实地实践教育心理学会让我们的课堂更科学。

囫囵科学的课堂学习结构的几点表现：

（1）体现文本体式特点；

（2）教师的导引与学习的推进符合心理认知规律，学生充分地学的活动与教师科学适时地导的活动有机相融；

（3）学习目标与任务达成的一致性；

（4）能培养学生的语文核心素养。

《天上的街市》是一首现代诗。诗言志，感悟主题自然是学习这首诗歌的重点。怎样抓到主题？找关键句吧，诗作中没有直抒胸臆的诗句。看物象吧，诗作中也没有中国传统诗歌中表达感情的物象出现。解读诗歌主题的钥匙在哪里呢？联想、想象就是解读诗歌主题的钥匙。虽然诗作通篇是联想想象，而对牛郎织女民间传说的改造，则是神来之笔。基于课文的体裁特点，基于一定要达成学习目标与任务的一致性，《天上的街市》的教学设计就把学习目标定为：

（1）理解联想、想象在诗歌中的运用；

（2）理解诗作深刻的主题。

把教学重点难点定为：理解赏析通过想象改造牛郎织女民间传说表现主题的方法。

诗歌教学重在理解与赏析。主题的破解是理解的层面。那赏析的层面呢？实际上诗歌教学中的理解与赏析应是一体的，不可分割的。就《天上的街市》而言，赏析的点主要是联想想象的灵活巧妙的运用，当然不能忽略，包括三个"定然"、一个"定"、"朵"及"浅浅的"等词语的赏析。但要根据具体的课堂学习情况相机处理。综合看来，这个课例教学目标与教学重点难点设计的合理性就凸显出来了。这样，既体现了文本体式特点，也将实现学习目标与任务达成的一致性。

现在谈教师的导引与学习的推进符合心理认知规律在本课例中的体现。首先看教学设计的第一步，也就是"导"的部分。

"导"的部分是这样的：

播放歌曲蓄势导入，借图形圆理解联想、想象，继而用大屏展示万家灯火、群星璀璨的夜景，鼓励学生联想、想象，导入新课。

着重看"借图形圆理解联想、想象"，这是激趣，更是解读破解写作手法"联想想象"之难。这是在为解读诗歌作铺垫。课堂实践时，在这一环节学习中孩子们的热情很高。在他们说想到了诸如数字零、铁环、跑道、中秋月圆的阖家团聚、一无所有……时，我们就能欣慰地感觉到，那种问"文中哪里是联想，哪里是想象"而学生满脸茫然的尴尬不会出现在课堂学习中了。我们不能利用诗文讲联想想象的知识。也就是说，我们在鉴赏诗歌时，不应该把"定篇"当成"用件"用。如果这样的随文教知识、随文学知识，违背心理认知规律，是将课堂学习碎片化，势必破坏学习的完整性。

其次看教学设计的第三步（即"疑"）中第三则预设。

教学设计的第三步（即"疑"）中第三则预设是这样的：

关于民间故事的改造。

作者这样写是要表达自己的理想，抒发自己的感情，即表达自己对黑暗现实的憎恶，对自由幸福生活的向往。

（此处为理解诗歌关键处，适时引入背景资料破解主题。）

资料储备：

材料1：郭沫若（1892—1978），原名郭开贞，四川省乐山县人，中国现代杰出作家、诗人。著有诗集《女神》、话剧《屈原》等。他是继鲁迅之后中国文化战线上又一面光辉旗帜。

材料2：本诗写于1921年，选自诗人第二部诗集《星空》。当时，作者从日本回到祖国，目睹社会的黑暗，思想上有些感伤，但并不绝望，执着地寻求光明和理想。他在这一时期创作的诗集《星空》表达了这一思想感情。

我们要看括号里的标注：此处为理解诗歌关键处，适时引入背景资料破解主题。这是学生学的活动与教师科学适时地导的活动的有机相融。我们不妨比较一下，有多少课堂都是机械地在学诗。一开始就让学生介绍作家及写作背景。紧要的知识、需要的知识适时地出现，这是一个潜在的教学智慧。紧要的知识、需要的知识适时地出现，学习的过程就将是圆融的。

课堂学习的主体部分是"疑"的部分，适宜采用合作探究的学习方法。合作探究分两步。第一步，在初步感知诗歌的基础上，自由讨论，交流体会，质疑发问。请小组代表发言，教师梳理问题，边梳理边和学生解决不需深入探究的问题。比如预设中关于词语的赏析（包括三个"定然"、一个"定"、"朵"及"浅浅的"等词语）、联想想象的运用分析；比如诗文的用韵情况。教师一定要完成最主要的任务——提炼主问题：诗人想象改造民间故事的意图。第二步，教师组织学生合作探究这个主问题。这里预设一个情况，学生没发现没提出这个主问题怎么办。很好办，学习这首诗就这一个主问题。学生没发现没提出这问题，教师就要引导，甚至是直接提出，开沟引水。这样，教师带领学生在先前一些时候已获取了联想想象之水。到此，破解诗文主题可谓水到渠成。

课堂学习其余组成部分在此不做剖析解读。

课例《天上的街市》的教学设计由六部分组成：导、读、疑、结、诵、创，整体上是线形结构，课堂主体部分即合作探究部分是扁平发散的学习。在教师适时地导与学生充分地学中，步步推进，构建了一个刎囵科学的课堂学习结构，很好地落实培养学生的语文核心素养的任务。

教学设计样例：《天上的街市》教学设计

【教学目标】

1. 理解联想、想象在诗歌中的运用；
2. 理解诗作深刻的主题。

【教学重点难点】

理解赏析通过想象改造牛郎织女民间传说表现主题的方法。

【教法选择】

自主学习、合作学习、探究学习

【预习导引】

1. 熟读诗作；
2. 鼓励学生利用网络、图书搜集有关本文作者及写作背景的资料。

【教学流程】

一、导

播放歌曲蓄势导入，借图形圆理解联想、想象，继而用大屏展示万家灯火、群星璀璨的夜景，鼓励学生联想、想象，导入新课。

导学创意：大屏播放《西游记》主题曲《敢问路在何方》，声图并茂，渲染气氛。基于学生对《西游记》的喜爱，提问学生喜欢的理由，找寻造就《西游记》美丽的原因，以趣诱疑，以疑导学。借势利用图形，形象诠释联想和想象，化抽象为具体，化艰深为浅显，帮助学生拿到品读诗歌的钥匙。

资料显示屏：

联想：就是由一事物想到另一事物的心理过程。

想象：就是在原有感性形象的基础上创造出新形象的过程。

二、读

1. 听范读录音，在预习熟读的基础上进一步感知诗文

2. 自由读、展示读

朗读要求提醒：

（1）节奏不宜强，声音不宜大，速度不宜快，做到轻松、柔和、舒缓。

（2）把握这首诗美好、恬静、自在、清新而略带忧郁的感情。

（3）注意诗歌的节奏、重音。

设计创意：读，是学习诗歌的重要方法。在此教学环节中，不仅向学生提供朗读范例，并根据学生自己搜集的写作背景资料体味诗歌朗读的感情基调。同时展示阅读节奏、重音提示，为学生提供朗读要求参考。利用各种方式朗读，要求与自主并重，充分调动学生的积极性。

三、疑

在初步感知诗歌的基础上，自由讨论，或质疑，或谈体会。教师归纳整理，学生再结组讨论解决。

问题备案：

1. 关于诗文中的联想和想象

诗的第一节，诗人由街灯联想到明星，又由明星联想到街灯；诗的第二节、第三节、第四节，在联想的基础上，诗人进而想象空中有美丽的街市：首先想象天上的街市怎样美丽，进一步想象街市上陈列的物品的珍奇；由街市再想到人，想象牛郎织女过着自由自在幸福美满的生活。

2. 关于联想的触点

街灯与明星的共同点是"无数"和"明亮"，是美好事物的象征。

3. 关于民间故事的改造

作者这样写是要表达自己的理想，抒发自己的感情，即表达自己对黑暗现实的憎恶，对自由幸福生活的向往。

（此处为理解诗歌关键处，适时引入背景资料破解主题。）

资料储备：

材料1：郭沫若（1892—1978），原名郭开贞，四川省乐山县人，中国现代杰出作家、诗人。著有诗集《女神》、话剧《屈原》等。他是继鲁迅之后中国文化战线上又一面光辉旗帜。

材料2：本诗写于1921年，选自诗人第二部诗集《星空》。当时，作者从日本回到祖国，目睹社会的黑暗，思想上有些感伤，但并不绝望，执着地寻求光明和理想。他在这一时期创作的诗集《星空》表达了这一思想感情。

4. 关于流星联想的理解

在诗人奇妙的想象中，引进了流星，由流星联想到灯笼，结尾更有一番动人的情致。流星那灿烂的光芒不禁让人眼前一亮，天上的街市越发神奇美妙，令人向往。

5. 关于词语

三个"定然"，一个"定"，表达诗人对牛郎和织女天上生活的坚信不疑的态度，表现诗人对理想生活的无比执着。

"朵"是诗人赋予流星的美好情态，写出它的灿烂美丽如花，拉近与灯笼的联想。

设计创意：给学生广阔空间，鼓励学生思考，让他们自己发现问题，也让我们帮助他们发现问题；给学生充裕时间，发动学生讨论，让他们自己解决问题，也让我们帮助他们解决问题。让学生学会学习是我们的最终目的。

四、结

师生互动共同梳理、感悟诗歌，教师板书。

著名诗评家林林曾说：《天上的街市》是清朗隽美的夜歌，但我们更有理由说《天上的街市》是诗人向往、追求自由与幸福的夜歌。

诗人怀着感伤与向往的心情，在灿烂星空的诱惑下，由街灯联想到明星，又由明星联想到街灯，回环互喻，构成一种复沓的美。继而又想象天上美丽的街市，街市上珍奇的物品。又由物及人，想象牛郎、织女隔河自由来往，在天街闲游的幸福生活。天街如此富庶，如此自由，与当时人间的黑暗形成鲜明的对比，这寄寓着诗人的理想：对自由、幸福生活的向往与追求。

五、诵

好诗不背是遗憾，大家想背诵吗？

背诵比赛，看谁背得快！

六、创

1. 阅读链接

找出现代诗《三片叶子》中有关联想和想象的诗句，并体会运用的妙处。

附：

三 片 叶 子

梅绍静

三片嫩叶像三只绿色的小鸟儿，
骄傲地站在树桩上。

树桩只发出这一条绿茎，
绿茎上只有这三只小鸟。

多可爱的小东西啊，
他们还要为砍断的树桩歌唱。

> 即使只有这三片绿叶也要向世界呼喊,
>
> 让人们永远憧憬那被剥夺的满树春光。

2. 创新写作

让学生自己选择一个话题,如老师、童年、友谊等,然后用一句话描述。鼓励同学或老师再把它们串起来,也许就是一首漂亮的散文诗。

教学创意:营造一次机会,让学生去尝试创造,尝试成功。但成功只是一种结果,重要的是创造。采取为学生所喜闻乐见的可行的方法,激发兴趣,在潜移默化中带领他们创造,让学生舔尝成功的快乐,是提高学生能力的一个切口。自由选择话题说话的创造实践,是切实可行的创造方法。

第二讲　培养好"自主·合作·探究"学习方法
——以《生命 生命》为例

给予学生一种科学的学习方法，不仅是给予他学习的助推器，提高他的学习能力，更能帮助他树立正确的学习态度和学习观念。

第一部分："自主·合作·探究"学习实验的阐释

《新课程标准》强调指出："充分激发学生的主动意识和进取精神，倡导自主、合作、探究的学习方式。"《语文课程标准》明确指出："学生是语文学习的主人，是学习和发展的主体，语文课程应致力于学生语文素养的形成和发展。"自主、合作、探究式学习，有助于活跃课堂气氛，体现学生的主体性，培养团队合作精神、探究精神、创新精神，让语文课堂焕发活力与精彩。生本教育专家郭思乐把自主、合作、探究的学习方式的作用概括得十分经典，他说："利生才能生利。"给予学生一种科学的学习方法，不仅是给予他学习的助推器，提高他的学习能力，更能帮助他树立正确的学习态度和学习观念。

笔者课堂实践李景龙、张素兰夫妇倡行的"合学教育"已逾十年。其实就核心实践内涵而言，"合学教育"就是"自主·合作·探究"学习方法的实践，只是偏重于合作探究，毕竟两位老师执教物理、化学学科，于是在实验阐释中，偏重了理科学习中会更多触及的合作学习、探究学习。但在教学实践中，我们这些文科教师自然发现自主学习对于文科课堂学习的重要性、自然性。没有充分的自主学习，就没有充分的合作学习，就没有充分的探究学习。

在此就实践中两个紧要处进行梳理说明。

1. 关于践行"自主·合作·探究"学习方法的课堂学习流程的说明

（1）学生要有充裕的自主学习时间（包括课前的预习）

这是实践"自主·合作·探究"学习方法的紧要的一步。我们有必要重复我们的认知：只有充分的自主学习，才有充分的合作学习，才有充分的探究学习。这要求教师对传统的满堂灌课堂进行坚决的"断舍离"。

（2）关于自主学习的问题设置

两种情况：一种是我们称之为"非指示性阅读"，即无问题设置的自主阅读学习。"非指示性阅读"是郑逸农老师的阅读教学实践课题，我们在此借用。我们这里是指自主学习时的任务取向。在以后的篇章里，将有关于"非指示性阅读"的实践呈现。另一种情况是有问题设置。但问题设置有一个高标准要求，即尽量设置出三个以内的主问题。即使问题多，也要做到闲置和舍弃。有时这些闲置和舍弃的问题在小组合作探究中会被解决掉，当然这是一个最理想的状态。毕竟这些被闲置和舍弃的问题一般是从属的、非紧要的，这里是说这些问题不是主要的学习内容。同时我们应该明白，肢解文章型的零零碎碎的问题俱皆呈现会让合作探究学习大打折扣。那样的情景，无异是一袋子的螃蟹爬了满地，没有了目标，没有了重点，无从下手，只有干着急的份儿。当然，主问题的设置，对教师而言是一个极大的挑战。充分地备课，合理科学地预设，会让主问题的设置从容一些。

（3）关于合作、探究学习的频率与时长

合作、探究学习的时间应是充裕的，不可走过场，不可草草收兵。一定要有合作、探究学习之实，一定要让学生思维的火花碰撞摩擦，达成一致也好，各执一词也好，都是理想状态。教师需导则导，教师需疏通则疏通，不需教师插手也好，就欣然旁观，坐看丰收。

至于次数，要分两种情况进行说明。一是一般一节四十五分钟的课，可组织两三次。这也是设置三个以内主问题的一个原因。另一种情况是同样问题的第二次合作探究。这样进行第二次合作探究，对教师而言是巨大的挑战。说到此，我们也就理解有的合作探究为何草草收场，那是急急慌慌赶任务去了。就此我们也就理解，当时一些教学改革名校硬生生地对教师讲授时间进行一刀切的规定。在今天看来，这虽然有失科学，但就当时而言，这霸道之举对转变教师的观念与做法又是何其必要。但人们在前进的路上往往会走回头路，在教学改革日益深化的今天，我们更应警醒自己，要实践"自主·合作·探究"学习方法，要一直向前走。

2. 关于小组建设的说明

（1）关于小组的建制，李景龙、张素兰老师提倡两人一小组。但就语文学科而言，长期实践证明，四人一小组为宜，设一个小组长。八人一大组，设一个大组长。两个小组长（其中一个是大组长）要坐在相邻的位置，好方便他们的"高端对话"。下图表达的就是这个意思。

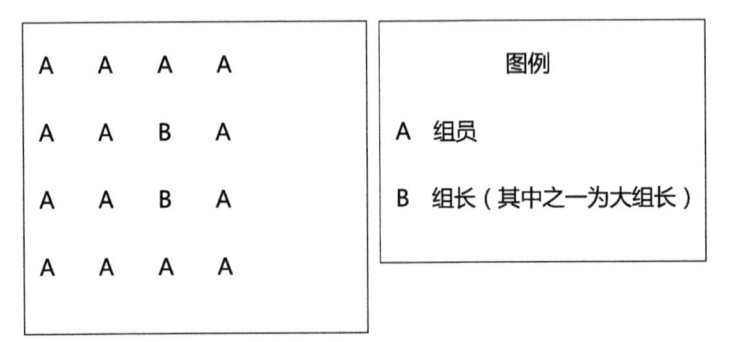

```
┌─────────────┐    ┌──────────────────────┐
│ A  A  A  A  │    │ 图例                 │
│             │    │                      │
│ A  A  B  A  │    │ A  组员              │
│             │    │                      │
│ A  A  B  A  │    │ B  组长（其中之一为大组长）│
│             │    │                      │
│ A  A  A  A  │    │                      │
└─────────────┘    └──────────────────────┘
```

（2）关于座位排列，根据学生人数及情况可采取多种的方法：

双马蹄形排列、"T"形排列、田字格排列、梅花形排列，以及自由排列等。但采用田字格排列居多。

（3）结组要考虑几个原则。

异质原则

合作学习、探究学习，一个显著的功效就是促进整体的进步。而在求整体进步中，小组带动最直接。同质建组，小组内部难成互补。异质建组是一个理想的选择。

所谓异质，包括性别不同、智能差异、性格差异、成绩差异等。就智能差异看，有人长于思辨，有人表达清晰。就性格差异看，有人活泼善言，有人安静少语。就成绩差异看，有人成绩突出，有人成绩平平。这就是一个"小社会"。就让他们在小组的天地里各展本领，共同进步吧！

当然，不必也不能做到小组之间的绝对均衡。

自愿原则

在异质建组的同时，要注意尊重自愿。尊重自愿就是关注个体，努力使得愿意组合的同学组合到一起，会更利于整体协调。

第二部分：学情拟定

虽然"自主·合作·探究"的学习课堂可以随时开始构建，但一般情况下，在七年级开学伊始，就应该开始课堂实践。道理浅显，在一个新环境里最容易接受新认知，容易接受改变。升初的学生来自各个学校，学习习惯和学习态度各不相同。那好，一开始就练习"自主·合作·探究"学习的大合唱吧。一般情况下，如果方法得当，实践积极，短则三个月，长则半年，这"自主·合作·探究"学习的大合唱就有模有样，歌声嘹亮啦。虽然集体的熔炉是锻造"自主·合作·探究"学习的尖兵利器，但起步越晚，就越难成器。如果在八年级起步，还算勉强。如果在九年级起步，就是"大山难撼"啦。真正是越早越好。

第三部分：本案解读

《生命 生命》是人教版语文七年级上册第三课。

在本讲把课文《生命 生命》当例文处理。这样，《生命 生命》这篇文章既是学习的对象，又是学习的材料。作为学习的对象，我们要学习词语的赏析、故事内涵的理解等。作为学习的材料，我们要学习掌握"自主·合作·探究"的学习方法。

这是使用人教版教材时的选篇情况。在当前使用统编教材情况下，就应该选用《雨的四季》《散步》等。这些篇目无论就选文功能讲（非定篇类），还是就选文内容讲（内容充实但浅近易解，语言又不乏优美），都是比较合适的例文。

教学设计样例："自主·合作·探究"学习方法教学设计
——以《生命 生命》为例

【学习目标】

1. 借助课文《生命 生命》学习掌握"自主·合作·探究"学习方法；
2. 在文章积极进取的情感熏陶感染中培养学生积极的人生态度。

【学习流程】

一、学生自主展示搜集的有关"生命"的名言

案例库：

路漫漫其修远兮，吾将上下而求索。（屈原）

不要慨叹生活的痛苦！慨叹是弱者。（高尔基）

希望是厄运的忠实的姐妹。（普希金）

生活的理想就是为了理想的生活。（张闻天）

如烟往事俱忘却，心底无私天地宽。（陶铸）

二、导入

天地万物，花鸟草虫，都因生命的灵动与顽强让世界多了一份精彩。在短暂而漫长的生命演绎中，不同的人有不同的感悟。物理学家说，生命是有质量的；哲学家说，生命是一种实实在在的存在；地理学家说，生命是无比丰厚的矿藏；而数学家说，生命是待解的方程式——我们到底应如何看待生命呢？让我们走近杏林子的优美文章，走近她的《生命 生命》，也许我们将获取到满意的答案。当然，我们既要探求人生，又要研究学习方法。今天我们要学习"自主·合作·探究"的学习方法。

三、展示学习目标（投影）

同前面的学习目标。

四、阅读欣赏文章，实践学习"自主·合作·探究"学习方法

（一）初读——粗读

目的：整体感知，把握大意

读书方法提示：学会抓关键词，学会抓破题段

师导：读一篇文章、一段文字，善于抓主题词或关键词，就抓住了中心，抓住了精神。

请学生速读文章，筛出文中的关键词句，整体把握文章主题。

明确：例如，第一段都是围绕"生之欲望"一词展开的，第二段都是围绕"生命力"一词展开的。抓住了这些词语，就容易读懂，就自然感悟了文章的主题：作者呼唤"生命 生命"，表达自己强烈的生命意识和积极的人生态度，愿每个人珍视生命，坚强勇敢，让有限的生命发挥出无限的价值，让人生更有意义，更有光彩。

（这是第一次合作探究，小组内交流，并推选发言人，在班内展示。）

教师进行梳理总结，并做展示。

图例展示：

事例	思考
飞　蛾：生之欲望	意义
香瓜子：生命力	价值
心　跳：生命	珍视、奋斗

（二）再读——细读

目的：深入理解，解决问题

读书方法提示：学会完成必要工作，学会深入理解文意

1. 排除字、词障碍（认知字词是学习文章时必须完成的任务。本文识字任务不大，可忽略。）

骚扰　小憩　茁壮　庸碌　辜负

昂然挺立　擎天撼地　肃然起敬

2. 结合作者生平及写作背景理解主题（有些作家的生平及文章写作背景我们必须了解，有些时候作家的生平及文章写作背景不必了解，本文属于后者，此学习任务可忽略。）

3. 掌握基本的鉴赏语言文字的技能：学会分析写作思路，分析写作手法等。

提示：分析写作思路的基本依据与方法

（1）交代情境（时间、地点、人物、环境、心情、意义等）

（2）交代事件（谁做什么；谁做什么怎么样）

（3）时间顺序

（4）空间顺序

（5）思悟类

明确：本文属思悟类文章，基本是叙议结合式，按表达方式的侧重就可划清层次。

（这是第二次合作探究，小组内交流，并推选发言人，在班内展示。）

本文写作思路梳理示例：

第一层（1～3自然段）借助具体的三件事例，说明一切生物都有强烈的求生欲望、生命力之强大及对人生的思考；

第二层（4～5自然段）议论说理，阐述对人生的正确态度。

（三）复读——研读

目的：精敲细打 解决疑难

1. 欣赏语言文辞的特点

2. 参悟组材选材的意图

问题一：事例1中，文章开头写小飞蛾的事例，有两种看法：一是不要伤害生命，二是一切生物都有强烈的求生欲望。哪一种观点切合文意？

问题二：文中三个事例为什么这样排列？

问题三：为什么前两个事例列举的都是小虫子、小瓜苗之类的小生命？

（这是第三次合作探究，小组内交流，并推选发言人，在班内展示。）

理解示例：

（1）从全文看，写的不是怎样对待小动物，而是生命本身，所以第二种理解更加切合文意。

（2）从动物、植物写到万物之灵的人，由生的欲望、生命力的强大写到对人生的思考，层层拓展而又步步深入，有力地突出了中心。

（3）说明世界上任何卑微的生命都有顽强的生命力，更何况人了。

板书设计（一）

自主学习、合作学习、探究学习

粗读　整体感知　把握大意

　　　↓　学会抓关键词　学会抓破题段

细读　深入理解　解决问题

　　　↓　学会完成必要工作　学会深入理解文意

研读　精敲细打　解决疑难

　　　　学习语言文辞　学习组材选材

```
板书设计（二）
        生命  生命
          杏林子
事例 ──────→ 思考
飞  蛾：生之欲望      意义
香瓜子：生 命 力      价值
心  跳：生    命      珍视、奋斗
```

附录：

生命 生命（初中版）

杏林子

夜晚，我在灯下写稿，一只飞蛾不停地在我头顶上方飞来旋去，骚扰着我。趁它停在眼前小憩时，我一伸手捉住了它，我原想弄死它，但它鼓动双翅，极力挣扎，我感到一股生命的力量在我手中跃动，那样强烈！那样鲜明！这样一只小小的飞蛾，只要我的手指稍一用力，它就不能再动了，可是那双翅膀在我手中挣扎，那种生之欲望令我震惊，使我忍不住放了它！

我常常想，生命是什么呢？墙角的砖缝中掉进一粒香瓜子，隔了几天，竟然冒出了一截小瓜苗。那小小的种子里，包含了一种怎样的力量，竟使它可以冲破坚硬的外壳，在没有阳光、没有泥土的砖缝中，不屈地向上，茁壮生长，昂然挺立。它仅仅活了几天，但是，那一股足以擎天撼地的生命力，令我肃然起敬！

许多年前，有一次，我借来医生的听诊器，静听自己的心跳，那一声声沉稳而有规律的跳动，给我极大的震撼，这就是我的生命，单单属于我的。

我可以好好地使用它，也可以白白糟蹋它；我可以使它度过一个有意义的人生，也可以任它荒废，庸碌一生。一切全在我一念之间，我必须对自己负责。

虽然肉体的生命短暂，生老病死也往往令人无法捉摸，但是，让有限的生命发挥出无限的价值，使我们活得更为光彩有力，却在于我们自己掌握。

从那一刻起，我应许自己，绝不辜负生命，绝不让它从我手中白白流失。不论未来的命运如何，遇福遇祸，或喜或忧，我都愿意为它奋斗，勇敢地活下去。

第三讲　做好随文学知识这件事
——以《白杨礼赞》为例

大国工匠也好，教书匠也好，都应有两种精神：一种是专注地做小事的精神，一种是用思想做事的创新精神。这样我们就完成了在"匠"字上的内涵演绎：做琐屑小事，塑大精神。

近来一直咂摸"匠"字，兴味盎然，以致几天来一直放不下。在现代汉语词典里"匠"的词条例析如下：

匠 jiàng ①工匠：铁～｜铜～｜木～｜瓦～｜石～｜能工巧～。②〈书〉指在某方面很有造诣的人：宗～｜文学巨～。

【匠人】jiàngrén 名 旧指手艺工人。

【匠心】jiàngxīn〈书〉名 巧妙的心思：独具～｜～独运。

【匠心独运】jiàngxīn-dúyùn 在文学、艺术等方面独创性地运用巧妙的心思。

我查阅的是第五版《现代汉语词典》。查阅字典过后，忽然感觉央视里的节目名称——《大国工匠》叫得很响亮。回头一咂摸，还觉不称意。这不又像称呼我们的职业——教书匠一样，怎就觉得有好多不称意在里面呢。几番掂量之后，又觉很好。好个捉摸不定的"匠"。后来，总算理出个头绪。"大国工匠"的确叫得很响亮，用得恰如其分，原因是有前面的修饰语。如若没有前面的修饰语"大国"，那"工匠"就是原本的工匠了。"匠"的含义不同完全因境而生。几番思忖，终得"匠"之几许意蕴。

（1）匠，有细末的含义，所做工作应是小的，甚或工作是低等的。

（2）匠，它的外延里有"专注"意。因为长期专注于此，可以说成一个工种，一种职业。

（3）匠，有纯熟的含义，甚至是高超的含义，要不怎么说能工巧匠呢。这是专注的结果。

这样就形成了"匠"的品格层阶生成轨迹。

第一层阶，做一件微末的事。

第二层阶，坚持不懈地做一件微末的事。

第三层阶，坚持不懈地专注做一件微末的事。

关键的第四层阶来了。

第四层阶，用心思坚持不懈地专注做一件微末的事。

好了，至此可下判语，称我们为教书匠真是恰如其分，我们同行中的众多都很好地践行着前三阶层。这样看来，教书匠的称呼应是一种肯定，甚至是褒奖了。我们的序语应该结束了，论及正题吧。大国工匠也好，教书匠也好，都应有两种精神：一种是专注地做小事的精神，一种是用思想做事的创新精神。这样我们就完成了在"匠"字上的内涵演绎：做琐屑小事，塑大精神。

教学上的一点点突破，都让我们更接近"匠"的高阶品质。这里还要多扯一句，不要奢谈所谓的"家"的称谓。有"家"的称谓了干的就是理论的事儿，与我们的工作本性就相差千里了。

语文课上随文学知识就是用心思的事。我们平时随文学知识把课堂搞得支离破碎，就是毁在了"随"上。今天我们要说啦，随文学知识不是随便地插学知识。随文学知识要选好时间，随文学知识要选好地方，随文学知识要用好方法。我们应该做好下面的事。

1. 备好预习的料

关于备好预习的料，既有教师的事又有学生的事。教师要目的明确地布置好预习任务。目的有两个，一个目的是让学生在准备材料时完成一次自主学习，培养学习品质。这里有大学问，如果做得仔细，许多的学习品质比如查找、定位、比较、取舍、整理等都会得到培养。

第二个目的就是为第二天的学习做好准备。这第二个目的是功利的，是眼前的事，显得尤为重要。

无论学生把预习储备这件事做到什么程度，教师都必须做好自己的精细的准备。很多教学的事，学生得做，教师也得做。这应该是教学相长的另一个含义。

师生都备好预习的料，第二天的学习就是一场有准备的仗。

2. 找好切入的口

关于找好切入的口，这是细心思的活儿，有一点教学智慧在里面。一定要摆脱以往的随文学知识的随便。不能一开课就讲这个知识点，也不能到了需要的时候，到学生不明白的时候，教师就开始"掉书袋"。随文学知识应在这样几处。

（1）切入的口在疑问丛生处

例如学习《白杨礼赞》，我们一定要学象征。不学象征，此文无解。那学象征最好的点在哪儿呢？笔者的设疑是"火上浇油"的。这个经典的一问是：《白杨礼赞》是赞树还是赞人？学生们说得沸沸扬扬。教师看着"热闹"，听着争辩，再一次叩问：《白杨礼赞》到底是赞树还是赞人？脑瓜灵光的家伙们已经用他们准备的料开始唇枪舌战了。这样的随文学知识是准备出来的，这样的随文学知识是等出来的，这样的随文学知识是辩出来的。这样的随文学知识与课堂学习的主内容水乳交融，学习结构是圆融的。当然这样的课堂是高效的。

（2）切入的口在难以言传的奇妙处

例如学习《说和做——记闻一多先生言行片段》，很多教学设计的学习目标中都设置有"品味生动形象的语言"这一目标。我们以文章后五自然段为例。现在引来这部分文字：

他"说"了。说得真痛快，动人心，鼓壮志，气冲斗牛，声震天地！

他"说"了："我们要准备像李先生一样，前脚跨出大门，后脚就不准备再跨进大门。"

他"做"了，在情况紧急的生死关头，他走到游行示威队伍的前头，昂首挺胸，长须飘飘。他终于以宝贵的生命，实证了他的"言"和"行"。

闻一多先生，是卓越的学者，热情澎湃的优秀诗人，大勇的革命烈士。

他，是口的巨人。他，是行的高标。

我们遴选出五组词句：

第一组　动人心，鼓壮志

第二组　气冲斗牛，声震天地

第三组　昂首挺胸，长须飘飘

第四组　是卓越的学者，热情澎湃的优秀诗人，大勇的革命烈士。

第五组　他，是口的巨人。他，是行的高标。

赏析这五组词句的语言美，就是赏析短句和对句构建出的音乐美。这就要认知短句的妙处：短句有力量，能更强烈地表达感情。也要认知对句的妙处：结构整齐，铿锵有力，朗朗上口。

做语言赏析就怕"白水煮豆腐"式的讲解，那就淡而无味了。比较实用的方法是重复朗读和替换对比赏读。最实用的是替换对比赏读。以第三组为例，把"昂首挺胸，长须飘飘"改写成长句"仰起头，挺起胸脯，长长的胡须在胸前飘散"，之后把改写后的语句放到原文语境中进行比较阅读，区别立显。

原句：

他"做"了，在情况紧急的生死关头，他走到游行示威队伍的前头，昂首挺胸，长须飘飘。他终于以宝贵的生命，实证了他的"言"和"行"。

改后句：

他"做"了，在情况紧急的生死关头，他走到游行示威队伍的前头，仰起头，挺起胸脯，长长的胡须在胸前飘散。他终于以宝贵的生命，实证了他的"言"和"行"。

这样在比较梳理中，就认识了短句和对句，就体悟到了短句与对句构建出的整齐美、力量美、音乐美。至此，难言之妙已是豁然。

（3）切入的口在无疑生疑处

有些文字的技巧表达学生是难以感知的，也就是说它的特点不是显赫的。教师一定调动方法进行设疑，有些时候干脆单刀直入地切入话题，但进行比较学习无疑还是比较生动有效的办法。

在统编教材七年级下册第二单元的学习中有"把握课文的抒情方式"的学习目标。

其中，《黄河颂》的思考探究·二设置为：

诗歌既可以直接抒情，也可以间接抒情。你认为这首诗主要采取的是哪种抒情方式？你还能从自己读过的诗歌中再举出一两例吗？

另外在《土地的誓言》文后阅读提示中也有"纷繁的故土景物，强烈的抒情性，是阅读本文时必须关注的"这样的表达。

怎样达成这一学习目标呢？

本单元的写作主题是学习抒情。在材料文字中有关于抒情知识的阐释，现引来共鉴。

常见的抒情方式有两种：直接抒情和间接抒情。作者不借助别的事物，直截了当地表明自己的情感，即为直接抒情；没有直白的抒情语句，而把情感渗透在叙述描写和议论中，由读者慢慢体会，则是间接抒情。在一篇文章中，常常兼用这两种抒情方式。一般来说，直接抒情的效果强烈、鲜明，前面所引《最后一课》和《黄河颂》中的语句就是这样；间接抒情则含而不露，耐人寻味。例如，《土地的誓言》铺排描述"参天碧绿的白桦林""红布似的高粱""黑色的土地"等富有关东气息的事物，从中可以体会到作者对故乡的炽热爱恋；《邓稼先》一文，写到"邓稼先是中国几千年传统文化所孕育出来的有最高奉献精神的儿子"，在议论中饱含敬仰之情。

这样就形成两种学习思路。其一为植入式，就是直接解决《黄河颂》的思考探究·二时，植入这段语文知识的学习。把课文当作用件使用一下。其二为前置式，在单元整体通读时就强调认知这一语文知识。在学习文章时，就利用这一知识进行赏析，文章被处理成样本。这样这个思考探究·二是不用单独处理的。其妙处此不赘言。

两种思路决定两种方法，孰优孰劣，一用便知。

3. 走好过渡的桥

走好过渡的桥是静待丰收之举。虽是静待丰收之举，但要不急不抢。不急就是等待学生的探究、贯通。不抢就是教师万不可因着急而越俎代庖。如因着急而越俎代庖，那就是前功尽弃，功亏一篑啦。

教学设计样例：《白杨礼赞》教学设计

【教学目标】

1. 通过反复朗读，感受文章表达的情感，学习赏析文章的优美语言；
2. 学习运用象征、对比、先抑后扬等手法表现主题的写法。

【思想教育目标】

了解"礼赞"的内涵，领会作者热情讴歌中华民族保家卫国的伟大精神之思想感情。

【教学重点难点】

教学重点：理解情感与结构，学习象征手法。

教学难点：学习象征手法。

【教学方法】

合作探究学习

【教学用具】

多媒体

【课时安排】

两课时

第一教时：整体感知，把握线索结构和感情基调等。

第二教时：合作探究，赏析本文的艺术手法。

第一教时（略）
第二教时

一、引入过渡

由文章是赞物还是赞人引发议论，并以文题"白杨礼赞"和部分文句为依据进行判断，引出象征的知识。

设计说明：激趣设疑中开启学习之旅，同时巧妙地开始了对文章重点知识象征的认知，继而过渡到对文章内容的学习。

二、认知象征

1.学生展示关于象征的自主学习资料

资料库：

（1）象征是人类文化的一种信息传递方式，它通过采取类比联想的思维方式，以某些客观存在或想象中的外在事物以及其他可感知到的东西，来反映特定社会人们的观念意识、心理状态、抽象概念和各种社会文化现象。借助于某一具体事物的外在特征，寄寓艺术家某种深邃的思想，或表达某种富有特殊意义的事理的艺术手法。象征的本体意义和象征意义之间本没有必然的联系，但通过艺术家对本体事物特征的突出描绘，会使艺术欣赏者产生由此及彼的联想，从而领悟到艺术家所要表达的含义。另外，根据传统习惯和一定的社会习俗，选择人民群众熟知的象征物作为本体，表达一种特定的意蕴。如红色象征喜庆、白色象征哀悼、喜鹊象征吉祥、乌鸦象征厄运、鸽子象征和平、鸳鸯象征爱情等。运用象征这种艺术手法，可使抽象的概念具体化、形象化，可使复杂深刻的事理浅显化、单一化，还可以延伸描写的内蕴，创造一种艺术意境，以引起人们的联想，增强作品的表现力和艺术效果。象征可分为隐寓性象征和暗示性象征两种。

（2）象征和比喻的区别

比喻属于修辞范围，它可比喻抽象的事物，也可比喻具体的事物；而象征则属于艺术手法，它与构思相关，属写作构思技巧，而不只是语言加工问题。象征一般都用来表现某种抽象的概念或思想感情，也就是说，它是通过某一具体形象表现出一种更为深远的含意，让读者自己去意会，从而让读者获得美的享受。这是一种隐晦、含蓄而又能使读者产生愉悦美感的技巧。

象征与比喻虽相近，从特点上看，象征是以物示意，以具体的表示抽象的，具有含蓄性；而比喻是以物喻物，以具体的比方具体的，具有鲜明性。

2. 师生通过屏幕上的词语进行本体和象征体的认知辨别，增进对象征的认知

设计说明：布置预习象征知识并自主展示，给学生自主学习空间，驱动学习主动性，并让学生多做补充展示，能让学生更全面认知象征。教师准备资料，以备查漏补缺。师生通过屏幕上的词语进行本体和象征体的认知辨别，增进对象征的认知，有趣互动，是合作探究学习的很好实践。

三、赏析象征之妙，体悟构思之美

1. 赏析绘物

以第 5 段为例进行赏析。

学生合作交流。

明确：用"笔直"写树干树枝，用"一律向上，紧紧靠拢"写丫枝，用"片片向上"写叶子，用"光滑"写树皮的质地，用"银色""淡青色"写树皮的颜色。用"倔强挺立"和"不折不挠"写白杨树外在形象的同时，也含蓄地赞美它的品格和气质。

小结：这是象征写作的第一步，要完成对象征体的特点描绘。

2. 赏析赞物

以第 7 段为例进行赏析。

学生合作交流。

明确："伟丈夫""伟岸""正直""朴质""严肃""温和""坚强不屈与挺拔"这些词语是白杨树精神品格的写照。这些词语简洁凝练，这些词语蕴含丰富，是对白杨树的生长环境和外形特征浮想联翩和反复咀嚼感悟得来的结果。

小结：这是象征写作的第二步，要完成对象征体的品格挖掘。

3. 赏析赞人

以第 7、8、9 段为例进行赏析。

活动：把第 7 段中这组排比句改写成陈述句，体会由赞物过渡到赞人的妙处，体会反问与排比表达感情的强烈。

原句：

当你在积雪初融的高原上走过，看见平坦的大地上傲然挺立这么一株或一排白杨树，难道你就觉得它只是树？难道你就不想到它的朴质，严肃，坚强不屈，至少也象征了北方的农民？难道你竟一点也不联想到，在敌后的广大土地上，到处有坚强不屈，就像这白杨树一样傲然挺立的守卫他们家乡的哨兵？难道你又不更远一点想到，这样枝枝叶叶靠紧团结，力求上进的白杨树，宛然象征了今天在华北平原纵横决荡，用血写出新中国历史的那种精神和意志？

水到渠成悟主题：

文章通过对白杨树不平凡的形象的赞美，歌颂了北方军民团结抗战、奋发向上的精神品质，进而歌颂了整个中华民族的精神品质。

小结：这是象征写作的第三步，要完成由象征体到本体的过渡。

设计说明：这是文章学习的主体。以合作探究学习充分发挥学生的积极性，方法灵活，科学有序地在三步学习中完成对文章运用象征的赏析。

四、整体探美

问：如何完成对人物与精神的礼赞？

★ 提醒：

★ 角度一，写作思路

★ 角度二，写作手法

★ 角度三，文章结构

学生合作交流。

设计说明：溪流出万壑，始归成江河。在层层解读、步步铺垫中，《白杨礼赞》整体之美终得浮出水面。到此，带领学生整体尽揽全文之美，自是全面贯通，尽显合围之妙。

五、探究提升：诗海书山觅意象

在水、柳、草、风、冰雪、月亮等意象中选择一种，并搜寻典型的诗句，尝试品味古诗词中的意象。

以"水"为例赏析。

1. 爱情的象征

所谓伊人，在水一方。（《诗经·秦风·蒹葭》）

2. 离愁别意

仍怜故乡水，万里送行舟。（李白《渡荆门送别》）

3. 惜时之情

君不见，黄河之水天上来，奔流到海不复回。（李白《将进酒》）

4. 以水喻愁

抽刀断水水更流，举杯消愁愁更愁。（李白《宣州谢朓楼饯别校书叔云》）

设计说明：学以致用，美在发现。在学生的发现中完成对象征的更深认识。

第四讲　学小文，做加法
——以《夸父逐日》为例

读书是兴趣的事，兴趣之火一旦点燃，再无需外力，一辆获取知识的火车自会奔驰在叠累的书山之上。

在低学段，教材中安排有一些短小精悍的小文，有闪耀着中华文明智慧的文言文短篇，如《咏雪》《陈太丘与友期行》《穿井得一人》《杞人忧天》等；也有蕴满生活美感与哲思的现代文学的精美短篇，如《散步》《金色花》《荷叶·母亲》《赫尔墨斯和雕像者》《蚊子和狮子》。这些小文很受学生们欢迎。归结起来，这些小文打动学生的原因是多方面的。

1. 这些小文有贴近学生生活的动人花絮

不会忘，曾经在学习《陈太丘与友期行》时，在课堂上即兴产生了一个情景模拟。当时，那个嘴巴嘟起，话语愤然，俨然一个小大人的孩童，令全班同学轰然喝彩。这里包含有两个心理活动。一是故事贴近学生生活，产生了共鸣。二是同学们赞同他的表演。于是就形成一个其乐融融的学习场。于是又有学生要求表演。继而我就鼓励学生进行评价，寻找模拟成功的原因。那次学生们帮我完成了一个一直很难达成的学习目标（态度认知目标）：谈话论争要做到不卑不亢。《陈太丘与友期行》出自《世说新语·方正》，方正即正直，是记载言语、行动、态度等方面表现出来的正直品质。我就一直认为，在梳理学习该文认知时，在表述待人接物的态度时应在"有礼、有理、有力"的层面上，应进一步阐释为：不卑不亢。不卑不亢闪现着方正意，而"有礼、有理、有力"则没有。

话回正题，《陈太丘与友期行》《金色花》等因贴近动人有趣的学生生活，受到学生的喜欢。

2. 这些小文有打动学生心灵的哲思妙悟

《荷叶·母亲》《咏雪》等文有着浓浓的文学味道，词语雅正，文理有谐趣，是话语间的语文，是驰骋于联想想象空间里的哲思妙悟，裹挟着未泯的童真童趣，呈现出一派烂漫，是学生世界里的"文学小可爱"。

3. 这些小文有精巧动人的故事情节

《散步》《金色花》《赫尔墨斯和雕像者》《蚊子和狮子》这些篇章，学生阅读时，时时会咯咯笑出声儿来的，一派童稚，一片喜欢啊。故事小巧，动人有趣，读起来兴致盎然，说起来头头是道。

小文美不胜收，但它们毕竟小啊，怎样增重小文的学习呢？

1. 调动多彩的活动，充盈教学，增强理解

上面提及的《陈太丘与友期行》的学习，虽是"无心插柳柳成阴"，但是个很好的范例。

2. 横向拓展，增加学习的宽度

横向拓展是很符合教材编写者的编写意图的。有些文章是教师引领学生读书的引子，我们应当利用好它们的"吹哨"功效。既然这样，我们就趁热打铁，再抻出一两篇，推波助澜。读书是兴趣的事，兴趣之火一旦点燃，再无需外力，一辆获取知识的火车自会奔驰在叠累的书山之上。

举个例子。

《咏雪》出自《世说新语·言语》，学习时，我们就再选一则出自"言语门"的小文来读，进一步领略魏晋人的言语风采。比如读《小时了了，大未必佳》，去认识儿时的孔文举；也可以读《钟毓钟会少有令誉》，去认识这对天才的兄弟。上面列举的这几位全是孺子能言啊，期望他们的少年风采会引领学生们走进《世说新语》的阅读天地。

通过读这些小文激趣，招引孩童走进一部部大部头作品，是我们期望的。

3. 纵向挖掘，拓展学习的内涵

下面的例子《夸父逐日》教学设计就是把课堂向纵深处延展，认知上古神话显示的古代人对某种自然或社会现象的解释，及表达的先民征服自然、变革社会的愿望。

教学设计样例：《夸父逐日》教学设计

【预习拓展】

1. 读熟《夸父逐日》，了解神话；

2. 搜集几则神话故事，感悟故事含义。

【今日名言】

我怀念上古的夸父，他追赶日影，渴死在山谷。为着追求光和热，人宁愿舍弃自己的生命。生命是可爱的。但寒冷的、寂寞的生，却不如轰轰烈烈的死。
——巴金《日》

【教学目标】

1. 背诵全文，积累文言词汇；

2. 了解神话故事的含义及夸父形象；（教学重点）

3. 体会古代劳动人民探索、征服大自然的愿望和意志。（教学重点）

【教学过程】

一、导入新课

神话是我们文学天地中灿烂夺目的瑰宝。神话是关于神仙或神仙化了的古代英雄的故事，是古代人们对自然现象和社会生活的一种天真的解释和美丽的向往。今天我们一起走进一个神话的世界——《夸父逐日》。

二、朗读、理解与背诵

1. 听录音，掌握读音与停顿。（掌握停顿有利于内容的理解）

2. 朗读：自读、点名读、齐读。（反复朗读，培养语感）

3. 轻声自由朗读，圈出认为比较重要的文言字词，并思考意思。

4. 同桌合作解决重要字词，并试着翻译出全文。

5. 请学生讲一下重点字词及意思，教师适当提示点拨。

6. 请一位学生翻译全文，其他人听有无出错，并作相应纠正。

7. 同桌互译一遍，并自读几遍试背诵。

8. 激励学生展示背诵原文，激励全班同学齐背原文。

三、问题探讨

1. 这篇短文的主要内容是什么？你对夸父追日的行为有什么看法？如何理解成语"夸父逐日"？写一段夸父临死前的内心独白。

（在这篇神话中，巨人夸父敢于与太阳竞跑，最后口渴而死，他的手杖化为桃林。）

（夸父是一个古代神话英雄，他不向自然屈服，敢于和自然斗争，甚至为此献身，更令人感动的是，死后，他的手杖，还要化成一片桃林，将顽强的生命延续下去。勇于探索、不怕牺牲、造福人类的精神可贵。对夸父这个人物，学生会有分歧，可能有学生认为夸父是不自量力，教师对此也不要断然否定，应该保护学生争论问题的积极性。可以从神话故事的特点方面引导学生从积极方面理解夸父的行为，从而理解夸父的宏大的志向，巨大的气魄。）

（成语"夸父逐日"意为：比喻人有宏大的志向或巨大的力量和气魄。）

（夸父临死前的内心独白：鼓励学生独立完成，然后交流。）

2.对《夸父逐日》的结尾"弃其杖,化为邓林"应如何理解?

(夸父遗下的手杖化为一片桃林这一结尾,以富有诗意的高度想象力,丰富了"夸父逐日"这一神话的内涵,丰富了夸父的形象,表现了一种勇敢追求、死而不已、甘为人类造福的精神,使整个神话更具有浪漫主义的魅力。)

四、走近神话,感悟中华文明

1.感悟神话知多少

教师鼓励学生展示自己搜集到的神话,各抒己见,谈感悟的故事含义。例如女娲补天、精卫填海、鲧禹治水等。

附:

女 娲 补 天

往古之时,四极废,九州裂;天不兼覆,地不周载;火爁焱而不灭,水浩洋而不息;猛兽食颛民,鸷鸟攫老弱。于是女娲炼五色石以补苍天,断鳌足以立四极,杀黑龙以济冀州,积芦灰以止淫水。苍天补,四极正;淫水涸,冀州平;狡虫死,颛民生。

译文:

在远古的时候,支撑天的四根柱子坏了,中国土地崩裂;天不能完整覆盖大地,地也不能周全地承载万物;大火延烧而不熄灭,大水泛滥而不停止;凶猛的野兽吃掉善良的人民,凶猛的鸟抓取老人孩童。于是女娲炼出五色石来补青天,斩断大龟的四脚来做支撑天的四根柱子,杀死黑龙来拯救九州,累积芦苇的灰烬来堵塞洪水。最后,天空修补好了,四根天柱重新竖立起来了;洪水退去,大地恢复了平静;恶禽猛兽死去,善良的人民活了下来。

精 卫 填 海

又北二百里,曰发鸠之山,其上多柘木,有鸟焉,其状如乌,文首,白喙,赤足,名曰"精卫",其鸣自詨(音同"笑")。是炎帝之少女,名曰女娃。女娃游于东海,溺而不返,故为精卫,常衔西山之木石,以堙(音同

"音")于东海。漳水出焉，东流注于河。

译文：

再向北走二百里，有座山叫发鸠山，山上长了很多柘树。树林里有一种鸟，它的形状像乌鸦，头上羽毛有花纹，白色的嘴，红色的脚，名叫精卫，它的叫声像在呼唤自己的名字。这其实是炎帝的小女儿，名叫女娃。有一次，女娃去东海游玩，溺水身亡，再也没有回来，所以化为精卫鸟。经常叼着西山上的树枝和石块，用来填塞东海。漳河就发源于发鸠山，向东流去，注入黄河。

2.文学作品中的神话再现

教师出示搜集到的材料。

读 山 海 经

陶渊明

精卫衔微木，将以填沧海。

刑天舞干戚，猛志固常在。

同物既无虑，化去不复悔。

徒设在昔心，良辰讵可待！

朗读，讨论，探究，归结：

体现了早期人类在与大自然的抗争中表现出的毫不气馁、积极奋发的进取精神和坚持不懈的执着精神。

第五讲　想落天外的童话世界
——以《皇帝的新装》为例

童话的审美是从故事开始的，故事是怎样写成的？故事是驱遣想象、幻想和夸张写成的。寻根追底，我们溯到事情的本源。儿童学习童话，从读儿童喜欢的想落天外的故事开始，悟出一点成长的道理。

文章是有性格的，和人一样。我们有"文如其人"这样一个比方，说的就是这个意思。现在我们在谈童话，我们来看看童话的性格。

童话的英文名称是 fairy tale。

童话在《现代汉语词典》中的解释是"儿童文学的一种体裁，通过丰富的想象、幻想和夸张来编写适合于儿童欣赏的故事"。

《辞海》中的解释则是"儿童文学的一种，经过想象、幻想和夸张来塑造艺术形象，反映生活，增进儿童性格的成长"。

这样我们就看出了童话的性格。

（1）童话是写给儿童的，是儿童文学。

（2）童话是想象、幻想、夸张的产物。

（3）童话是以增进儿童性格的成长为目的的。

儿童文学的三个特征指向决定了教学童话的取向。

（1）从儿童的视角解读故事。

（2）充分认知故事中的想象、幻想和夸张。

（3）完成对儿童性格塑造的目的。

当然，既然是文学，就有它本身固有的涵养文学素养的功用。

观看我们的童话教学，往往把童话教学等同于一般的记叙文教学，这就让童话作品少了性格。具体表现大致是一重一轻一错误。一重是指能完成对儿童性格塑造的教育任务并且是加重的。因为他们认为思想教育、性格塑造是儿童文学的最重要的任务。为完成这一任务，就拼命地解读童话的主题。这一用力过猛的结果是，越俎代庖，拼命地抻拽主题。好了，解主题的事儿教师给做了，以儿童的视角解读故事变成了以成人的视角解读故事。这就是所说的"一错误"，解读童话视角的错误。这是忽略儿童进行个性化阅读，儿童认知的道理能是成人认知的道理？教师绑架了儿童的思想，教师架空了儿童读书的自由。儿童文学就自然变成了成人文学。怪不得有这样的说法，童话是写给成人读的。真是怪谈！有怪谈，当然是有怪事的结果。

于是那"一轻"就是自然的事了，也就是说，充分认知故事中的想象、幻想和夸张变成了浮皮潦草之举。实际上，这"一轻"就错失了童话全部的美丽。如果没有了想落天外，那已不是童话。丰富的想象、幻想和夸张是童话的华美的衣裳啊！这华美的衣裳才是儿童喜欢的原因。如果失却这华美的衣裳，童话不就成了童话作品中那丑陋的巫婆。童话的审美是从故事开始的，故事是怎样写成的？故事是驱遣想象、幻想和夸张写成的。寻根追底，我们溯到事情的本源。儿童学习童话，从读儿童喜欢的想落天外的故事开始，悟出一点成长的道理。

我们做一点把童话教成记叙文的求证。看一例《皇帝的新装》教学目标的设置。

学习目标：

1.正确、流利、有感情地朗读课文。

2. 整体感知课文，理清故事情节。

3. 领会文章深刻的内涵，理解人物形象。

教学重点：

1. 从语言、心理描写中感知人物形象。

2. 增补课文情节，进行想象思维训练。

教学难点：

对童话主旨和借助夸张、想象反映生活的写法的理解。

从三条学习目标设置看，这就是记叙文的教学设计。看教学重点的条目二：增补课文情节，进行想象思维训练。看到了童话教学的迹象，但遗憾的是这不是教读法。看教学难点，看到了童话教学的样子。但只是把它设置为难点，却没有在学习目标、教学重点中出现。这样看来，这里的童话学习只能游走在童话的边缘。

再看下面这个教学设计节选，是第一学时结束时为第二学时做准备设置的问题。

三、课后思考题

1. 故事中的新装存在么？

2. 故事中出现了皇帝、老大臣、官员、骑士、骗子、百姓、小孩等等一些人物。面对根本不存在的"装"，谁在说假话？（在原文找出句子）

3. 为什么他们都说假话而不敢说真话呢？

4. 你们觉得皇帝、大臣、百姓是什么样的人？

5. 大家都在说假话，最后有没有人说真话呀？

6. 为什么小孩能说出真话？

这是童话教学？这就是成人的视角解读啊。执教者认为这是天衣无缝的妙招大招。从我们成人角度很好理解。不妨我们串一串答案，目的一目了然。答案是：故事中的新装不存在——皇帝、老大臣、官员、骑士、骗子、百姓在说假话——他们都说假话而不敢说真话的原因是怕别人看出自己的愚蠢或不称职——皇帝、大臣、百姓是自欺欺人的人、愚蠢的人——最后有人说真话——小孩能说出真话是因为无知无畏（天真烂漫）。

执教者就是直奔主题啊。读书的儿童干什么，被老师绑架，跟着老师跑啊。这就是平时说成笑话的那句话"儿童的脑袋成了教师思维的跑马场"。

到此我们都会说如此教学童话者止。

在这里我们做一个善意的测评。如果我们就是这节课的执教者，在充分考虑童话文学文本特点的情况下，这一问该怎样问。

笔者会这样问：如果你是那个小孩，你说真话吗？

这样一问，能让儿童充分展开幻想、想象。

教学设计样例：《皇帝的新装》教学简案

【设计思想】

这则童话故事寄寓着安徒生对封建社会病状及罪恶的深深谴责和对纯真本然事物的热切向往。学生大多对这则故事比较熟悉，但很多课堂在分析、理解思想内容时，却仅能停留在从情节中分析"讽刺了以皇帝为首的封建统治者的虚伪、愚蠢"的主题，束缚了学生的思维，更淡漠了童话体裁本身的无穷魅力。故此认为，学习本文，教师主要任务是引导学生学习，引领学生从体裁与故事的完美结合中猎寻诸多的知识与美丽。

【教学目标】

1. 欣赏童话中想象和夸张的艺术特点；
2. 理解这篇童话的讽喻意义。

【教学重点】

1. 理解童话的想象和夸张的艺术特点；

2.体会并学习如何进行合理的想象和夸张体现人物性格特点。

【学习方法】

自主•合作•探究学习

【学习过程】

步骤一：一读（两落实一问一过渡）

两落实：

落实知识点一：识记字词

识记字词四步骤：试读、正读、记读、检测

落实知识点二：了解作者

一问：如果当时你也在场，你会怎么做？

假如我是大臣，我会＿＿＿＿＿＿＿

假如我是骑士，我会＿＿＿＿＿＿＿

假如我是百姓，我会＿＿＿＿＿＿＿

一过渡：理解童话的想象和夸张

步骤二：二读（两问两暗度）

一问：文章是怎样展开想象的？（达到梳理情节之妙，实现体裁特点与文本解读的有机结合。）

二问：文中夸张的情节是什么？（实现认知人物性格之妙，再次实现体裁特点与文本解读的有机结合。）

步骤三：总结回顾

步骤四：布置迁移性作业

推荐阅读：

1.阅读西班牙民间故事《赤身裸体的国王》，比较其与课文故事的不同。

2.阅读三至五篇安徒生的其他作品，利用课余时间复述给同学听。

第六讲　基于学情的有侧重性突破的学科素养濡染
——以《云南的歌会》为例

关注学情的学习会营造出一个良好的学习生态。关注学情的学习就眼前讲，只是学问的一城一池的事，就长远讲是关乎学习生命的事。

在教学设计和教学中要关照学情，这是一个真命题。我们的先哲圣人孔子的"因材施教"就是佐证。

学情的内涵相当宽泛。学情构成的主因素是学习内容和学生。我们这里偏重知识储备、视野见地的知识认知层面，基本不指向学习态度、学习习惯、学习能力、兴趣爱好、心理特点等能力素质要素。因为偏重知识储备、视野见地的知识认知层面的学情直指教学内容，是决定学习内容的主要参考因素。

关乎学情，我们关注三个问题。

1. 关注学情的必要性

关注学情的课堂学习有两个表现。学习的内容是学生没有学过的，学习的内容是学生难于理解甚至不能理解的。但是很多时候我们是淡化了学情的，甚至是忽视、漠视了学情的。这样说是有根据的。可以看看我们的课堂，初中的语文课堂上不是很多时候还在一次又一次地学比喻修辞吗？不是逢文便划分段落层次吗？这些活儿学生都学多少年了呀，干了多少年了呀，看这在原地打圈圈的重复学习情况，我们还能说已关注学情？学情关注不够，不关注学情，会造成学习资源（包括教学材料资源、学习主体资源）的浪费，会延滞学习的进程，会影响健康的学习结构，导致出现不利于学习的新的学情出现，也就是学习态度、学习习惯、学习能力方面出现问题。这样我们就能认识到，关注学情的学习会营造出一个良好的学习生态。关注学情的学习就眼前讲，只是学问的一城一池的事，就长远讲是关乎学习生命的事。

上面谈到淡漠学情原地打圈圈的重复学习，同时淡漠学情的拔苗助长式学习也是一个存在。突出的表现是把文本无限拓延。这也应引起足够注意。

2. 学情的具体性

（1）知识认知的亲与疏

以统编教材八年级下册第一单元为例加以认知。这一单元的主题是民俗。由《社戏》《回延安》《安塞腰鼓》《灯笼》四篇文章组成。我们来看这四篇文章中描绘的民俗文化的域属。其中一个民俗文化的原生地是江南水乡，其中两个民俗文化的原生地是西北高原，最后一个民俗文化的原生地是齐鲁大地。四篇文章中呈现的民俗文化可谓是东南西北俱全。在学生学习文章时，学情亲与疏的情况表露无遗。

学习《回延安》《安塞腰鼓》，陕西甚至西北这一块的孩子满脸欣然。学习《社戏》，江浙的孩子满脸欣然。反之亦然。抛开家乡自豪情结，这"满脸欣然"传达出一种熟悉的知足与无畏。

（2）知识认知的新与旧

我们来看看这一单元的按语。

民俗是民间流行的习俗、风尚，是由民众创造并世代传承的民间文化。本单元的课文，或表现各地风土人情，或展示传统文化习俗。我们能够从中看到一幅幅民俗风情画卷，感受到多样的生活方式和多彩的地域文化，更好地理解民俗的价值和意义。

学习本单元，要注意体会作者是如何根据需要综合运用多种表达方式的；

还要注意感受作者寄寓的情思，品味作品中富于表现力的语言。

看其中的这一条按语。

本单元的课文，或表现各地风土人情，或展示传统文化习俗。我们能够从中看到一幅幅民俗风情画卷，感受到多样的生活方式和多彩的地域文化，更好地理解民俗的价值和意义。

这是对本单元的学习内容做提示，但学情体察也在其中。就学情而言，这些学习内容对一些学生而言肯定也是"新"的，是学生不曾见到知道的。如果做到突破，我们就是关照学情的。

再看这一条按语。

学习本单元，要注意体会作者是如何根据需要综合运用多种表达方式的；还要注意感受作者寄寓的情思，品味作品中富于表现力的语言。

这里提示的学习内容就不一定是新的。特别是"要注意体会作者是如何根据需要综合运用多种表达方式的"和"品味作品中富于表现力的语言"。

因为最知道学情的是学生，但如果老师是"跟班走"的，他也是知学情的。至于这两条学习任务，就要按教师熟悉的学情去作具体安排。

还是前面的那句话，关注学情的课堂学习有两个表现，即学习的内容是学生没有学过的，学习的内容是学生难于理解甚至不能理解的。我们要向在课堂上总让学生能学到新东西的目标努力。我们不能让学生从小学到高中总学习比喻的修辞格。

（3）知识认知的难与简

认知的知识难一点倒不是大问题，我们教师的拿手本领就是诲人不倦，多花一点时间，多费一番心思，也就把难的东西弄懂了。倒是认知的知识趋于简单就出问题了。于是师生其乐融融地在知识的表层滑行一番，就刀枪入库马放南山了。越是知识趋于简单的文本我们越是要动心思，把知识的点拓宽拓深。

3. 基于学情的学习内容调适

（1）基于教师角度的调适

教科书的编纂是充分考虑了学情的。学段的学习任务，学期的学习任务，这些是宏观学情背景下的呈现。至于一篇课文学什么，一课时学什么，一个知识点怎样学以及学到什么程度，这与授课教师关系重大，这与教师对学情的掌控有关。"跟班走"的教师，是比较了解学情的，要根据具体情况做好调适。调适就是教学方法的事。教师一定要通过恰当科学的教学方法克服掉学情带来的困难。

（2）基于知识内容的重构

教师对教材内容的重构是对接学情的重要策略。对教材内容重构就要先解构。解构一定要忠实于教材，体现个性化但不可随意解读。

只是满足基于学情的教学需求，让学习的内容更能适应具体的教育及教学情境。在教材内容的重构过程中要时刻以学生为中心，这样利于学生把教学内容转化成为自己知识结构的一部分。

重构有几个路径。

最普通的是灵活地创造性地对教材进行合理运用；也可以引进其他教学资源，进行整合、优化利用；也可以自主地开发其他新的教材资源。

我们现在剖析学习《云南的歌会》的学情。统编教材没有收录《云南的歌会》，但这并不影响我们以此文为例谈论本讲的话题。学习《云南的歌会》的学情思考如下。

就知识认知的亲与疏角度思考，它是生疏的，未知的，值得学习；就知识认知的新与旧角度思考，没有出现值得探究学习的新知识；就知识认知的难与简角度思考，不存在难点。回到单元主题上来，这一单元的主题是民俗。再看单元按语的这一条：

本单元的课文，或表现各地风土人情，或展示传统文化习俗。我们能够从中看到一幅幅民俗风情画卷，感受到多样的生活方式和多彩的地域文化，更好地理解民俗的价值和意义。

归结得知，单元学习目的是增加学生见闻，拓宽学生视野，进行文化濡染。

我们不妨再关注《云南的歌会》课文。

关注要素一，文章的题目是"云南的歌会"。课下注释①中注明：原文标题是"记忆中云南跑马节"。

关注要素二，课文主要写了在三种不同场合听到的民歌演唱（研讨与练习•一中的表述）。

就此我们可以思考这些问题：

怎样理解歌会？

三种不同场合的民歌演唱都是歌会？

特别是山野对歌和山路漫歌能说是歌会吗？

跑马节期间的各种形式的歌唱都是歌会？

这是由于教材编写带来的学情，即编者采用的文题和节选来的文章内容相游离。根据有两条，一条来自教材，一条来自学生。

来看研讨与练习•一

课文主要写了在三种不同场合听到的民歌演唱，演唱的方式和内容都不相同。想一想，与你通过电视或其他途径听过的演唱会、音乐会相比，云南的歌会有哪些特色，作者为什么会对云南的歌会感兴趣。

揣摩"课文主要写了在三种不同场合听到的民歌演唱，演唱的方式和内容都不相同"的表意，特别是"不同场合"，歌会会有多少种场合？

我们看看教辅中的关于此题答案的概括性表述：山野对歌、山路漫歌、山寨传歌（金满斗会）。

歌唱和歌会的界限在哪里？

来听听学生的声音。有两个典型的例子。

甲：三种场合的歌会我只找到一种，只有金满斗会才是歌会吧。

乙：文章的题目咋不用"云南的民歌"啊，我认为那样是恰当的。

基于这样的学情，在后来的学习中我做了调适。

调适一，改变学习文章时主问题的表述，避免文题和内容游离带来的误解和争辩。

原问句表述：本文介绍云南歌会的几种形式？哪几种？

调适后问句表述：本文介绍云南民歌的几种演唱形式？哪几种？

调适二，对教学内容进行重构。

基于本单元主题及单元学习目标，有侧重性突破，引进其他教学资源，进行整合、优化利用，加强学科素养濡染。引进的教学资源是有浓郁地方文化色彩的歌舞《天上的桫椤》和地秧歌《扑蝴蝶》。更有意义的是民歌《天上的桫椤》的传唱者之一是学生的音乐教师马健。

这是个个案，但这些思考是有价值的。大教育家孔子"因材施教"的教育箴言，穿过千年的历史，响彻在我们教育人的耳畔。作为今天的教育人，我们应赋予"因材施教"更丰富的现代内涵。但愿本讲的思考即为例。

教学设计样例：《云南的歌会》教学设计

【教学目标】

1. 欣赏云南浓郁的民歌文化及少数民族同胞特有的风情；

2. 从整体上把握文章框架，使学生能够准确地说出文中三个歌唱场面的内容与特点；

3. 观赏家乡的歌舞，加强家乡文化濡染。

【预习准备】

1. 学生预习课文，利用工具书掌握文中的生字词；

2. 教师搜集资料准备制作幻灯片，采用多媒体电脑教学；

3. 请学生学唱一首或几句自己熟悉或喜爱的民歌。

【学习流程】

一、导入新课

1. 欣赏歌曲 MV《远方的客人请你留下来》，渲染气氛，铺垫导入

2. 教师导入

云南有着旖旎的风光，有着众多能歌善舞的少数民族同胞，有着美丽浓郁的民族文化，今天就让我们跟随沈从文先生一起走进《云南的歌会》。

3. 预习成果展示（字词）

4. 作者简介（屏幕显示）

沈从文（1902—1988），苗族，原名沈岳焕，湖南凤凰人。现代著名作家。抗战前，出版了20多个作品集，有《石子船》《月下小景》等，中篇小说《边城》标志着他的小说的成熟；抗战爆发后，取道湘西去云南。1949年后，长期从事文物研究工作。

二、整体感知

1. 学生通览课文

2. 请同学谈谈对云南的民歌有哪些了解（学生自由发言）

3. 教师问题提示

本文介绍云南民歌的几种歌唱形式？哪几种？

（学生自主思考，回答。教师补充。）

要点提示：{ 山野对歌
山路漫歌
金满斗会 }

三、探究寻美

1. 云南民歌的三个演唱场面有你喜欢或不喜欢的吗？

请仔细探究，然后与大家交流分享。

（屏幕提示：美在文中的描写里；美在词语的恰当运用里；美在修辞方法的正确使用中。）

（学生小组合作探究，讨论交流，小组代表发言，全班交流。）

要点提示：
- 山野对歌——才智大比拼（写唱歌的人）
- 山路漫歌——即兴自由歌唱（优美的环境）
- 金满斗会——民歌传承（唱歌的场面）

2. 师生提炼主题

例：

美，无处不在——自然，人生，文化艺术……；

只有懂得爱的人，才会领悟到美的真谛；

爱自然，爱生活，爱民族文化艺术……；

更应将那些充满智慧和热情的民族文化代代传承下去！

四、延伸掠美

1. 请学生唱一段或几句自己熟悉或喜爱的民歌

2. 让学生欣赏自己家乡昌黎的民俗民艺（屏幕显示）

（1）观看昌黎地方歌舞《天上的桫椤》（节选）。

（2）观看昌黎地秧歌《扑蝴蝶》（片段）。

小组内交流观感。

五、课下采风：走近家乡民俗

查阅资料，询问亲人，了解一个自己家乡的民俗。准备好以后，讲给自己的同学或朋友听，比一比看谁讲得漂亮。

第七讲　做止于文本的写人叙事散文的阅读
——以《背影》为例

散文的情志是显于文的,即使是象征类散文也有明显的感情倾向。用大量的材料的征引解读散文的方法恐怕不妥。我们对散文的解读要止于文,尤其是解读写人叙事散文。

我们看一段教学实录。

师:父亲"大去之期不远矣",对作者而言不是一种将要到来的诀别吗?文章开头作者淡淡地说"我与父亲不相见已二年余了","不相见"是不能见,还是不愿见?我们看一个资料。

屏显:

1915 年,朱自清父亲包办朱自清婚姻,朱自清有怨言。父子生隙。

1916 年,朱自清上北大后自作主张改"朱自华"为"朱自清",父亲很生气。

1917 年:父亲失业,祖母去世,家庭经济陷入困顿。朱自清二弟几乎失学。《背影》的故事就发生在这一年。

1921 年,朱自清北大毕业参加工作,父亲为了缓解家庭经济紧张私自扣留了朱自清工资。父子发生剧烈矛盾。朱自清离家出走。

1922 年,朱自清带儿子回家,父亲不准进门,只能怅然离开。

1923 年，朱自清再次回家，父亲不搭理他。父子开始长达多年的冷战。

1925 年，朱自清父亲写信给儿子：大约大去之期不远矣。朱自清在泪水中完成了《背影》。

——王君《生之苦痛与爱之艰难——〈背影〉再读》

师：原来父亲来信的背后，遮遮掩掩之间，隐藏着父子之间的一场"情感战争"。大家想想，这封信，是父亲在干吗？上课一开始大家说希望儿子回去看看。现在想想呢？对，求和。是父亲在向儿子求和。这里是儿子胜利了吗？对！没有什么胜者和败者。作者读到信泪如泉涌，是一种什么情感？

生 24：有了对父亲的理解。

生 25：有了一种愧疚。

师：对，父亲能主动求和，我这个做儿子的却不能。真的要到"子欲孝而亲不待"吗？看资料。

屏显：

朱自清是怀着羞愧、伤悲、感恩等复杂的情感写作《背影》的，作者写《背影》其实用情极深、用力极猛。短短一篇《背影》里有悠长的朱自清的生活史、情感史、思想史。《背影》背后的故事更让我们看到了人性中真实的一面。作者的忏悔是很沉重的，沉重到每思及此，就流下眼泪。

——倪文尖《〈背影〉何以成为经典》

师：8 年之后，作者也已为人父了。重新再看父亲的时候，作者就多了一份理解。请一位同学读第七小节的开头部分。

（生 26 读：近几年来，父亲和我都是东奔西走，家中光景是一日不如一日。他少年出外谋生，独立支持，做了许多大事。哪知老境却如此颓唐！他触目伤怀，自然情不能已。情郁于中，自然要发之于外；家庭琐屑便往往触他之怒。他待我渐渐不同往日。但最近两年不见，他终于忘却我的不好，只是惦记着我，惦记着我的儿子。）

师：除了教材的旁批（"老境"和两个"惦记"），体会两个"自然"的意味。与父亲的恩怨，只是淡淡地一笔"他待我渐渐不同往日"，笔法很含蓄简约。写得多的还是对父亲老境的那种隐隐的痛以及父亲的爱。所以作者最后说，齐读最后一句！

屏显：

唉！我不知何时再能与他相见！

师：你读出了什么？

生27："两个感叹号，饱含作者想见父亲的热望。

生28："唉"里有对父亲身体的担忧。

生29："唉"里有说不尽的愧疚。

师：从不相见到何时才能相见。一声叹息两个感叹。说不完的别离，言不尽的沧桑。所以读《背影》要结合当时的社会和家庭背景来读，看屏显。

屏显：

《背影》所传达出来的"沧桑感"是沉重的，它潜隐在作品的字里行间。《背影》写的是一个时代和家庭的"大背景"下的人物的"小背影"。

——陈日亮《〈背影〉：你读出了多少"背影"》

师：1928年朱自清的父亲读到了这篇文章。据朱自清的弟弟朱国华回忆说，当父亲一字一句读完《背影》时，他的手不住地颤抖，昏黄的眼珠好像猛然放射出光彩。父子和解了。

师：这篇文章就读到这里，也许我们真正读懂，也要在我们为人父母之后。台湾作家龙应台这样说——

屏显：

我慢慢地、慢慢地了解到，所谓父女母子一场，只不过意味着，你和他的缘分就是今生今世不断地在目送他的背影渐行渐远。你站立在小路的这一端，看着他逐渐消失在小路转弯的地方，而且，他用背影默默告诉你：不必追。

——龙应台《目送》

师：建议大家课后读一读龙应台的散文集《目送》，或许会帮助我们读懂《背影》。

下课！

看着这段课堂实录，不禁想，这是语文课吗？但那些解释的声音振振有词，说是介绍写作背景帮助理解文章主题。但就《背影》而言，理解主题不需要抻拽这些材料吧。征引这些材料还有他用吗？正面作用恐怕没有。倒是这些材料一出现，《背影》的美顷刻塌陷。怎能用琐屑生活注解一篇经典，这是糟蹋。

姑且把这种漫无目的的征引称之为"评书课堂"。只为博得听众，只在东抻西拽中印证自己的"高见"。这剑走偏锋之举实不足取。

散文的情志是显于文的，即使是象征类散文也有明显的感情倾向。用大量的材料的征引解读散文的方法恐怕不妥。我们对散文的解读要止于文，尤其是解读写人叙事散文。况且，教学参考书就在案头，有文章解读有教学建议，容不得我们非得跳出"三界"外。

王荣生教授谈"文学性的散文"的着眼点对散文教学的启示：

（1）散文阅读教学，始终在"这一篇散文里"，要驻足散文里的"个人化的言说对象"；要严防跑到"外在的言说对象"，演变为谈论"外在的言说对象"的活动。

（2）散文阅读教学，要着眼于主体，揣摩作者的情思；要严防滞留在所记叙、描写的客体上，演变为谈论那人、那事、那景、那物的活动。

（3）散文阅读教学，要关注作者独特的情感认知，引导学生走进"作者的独特经验里"；要严防受既成经验的遮蔽，演变为谈论各抒己见的活动。

（王荣生著：《阅读教学设计的要诀》，中国轻工业出版社2016年版，第179页）

《背影》的言说对象是父亲，要表达的是作者朱自清先生的感情。驻足文本，品咂开篇句："我与父亲不相见已二年余了，我不能忘记的是他的背影。"品咂结篇句："……家庭琐屑便往往触他之怒。他待我渐渐不同往日。但最近两年的不见，他终于忘却我的不好，只是惦记着我，惦记着我的儿子……唉！我不知何时再能与他相见！"先生要表达的情感已经豁然，是思念、牵挂、歉疚，还有相见的期冀。先生哪有一丝一毫说过往父子生隙之事。至于全文的主旨，"这篇文章的主旨是什么呢？就是把父亲的背影作为叙述的主脑，从其间传出父亲爱惜儿子的一股深情"。叶圣陶先生早有定言。今天我们老师在课堂上一般说成"父慈子孝"，或者是"父爱子，子爱父"，都很好。至于把文章主题硬生生演绎为"生命"者，便有哗众取宠之嫌。那次是在成都参加一届中语会，应该是2013年的初冬。记忆还是比较深刻的。因为参加活动之余，挤了点时间专程游览乐山大佛，也睹望了峨眉之秀。当然最大的收获是一睹李镇西真颜，还有那节让我思考五年之久的课。什么样的一节课竟让我思考五年之久呢？就是一节把《背影》的主题演绎为"生命"的语文课。但是真的不容置疑，那个平台，是理想中的语文圣殿。

换个人文的角度说，先生自己都只字不提过往，喜欢先生文章的人却不遗余力地"挖掘"，往事尴尬，也就把《背影》陷于尴尬的泥淖。如果我们不怀疑这样的"高明之举"，我们就做一个假定。如果《背影》不署名作者，我们解读时怎么办。如果《背影》真的不署名作者，其文依然美，我们的解读自此中规中矩。

凡此种种，我们称之为教读教材的漫溢。

教读教材漫溢有几个体现：

（1）主题与情感的猜度推衍，解读教材主观化。

（2）把定篇处理成用件，拓展无沿。

（3）写作背景的无限蔓延，把课堂变成"评书场"。

之所以这样排列，是按对科学授课的损害程度由重到轻的排列。体现一的做法是对与错的问题，已伤文章生命。体现二的做法是学法与重点的问题，该精耕细作的没有精耕细作，却耕了一片不应耕的田。体现三的做法结果是等于这节课没上，一场说书表演，只留一个热闹。

下面看一个课例，笔者曾经把定篇处理成用件，拓展无沿的课例——《背影》。当时的背景是学校进行张素兰、李景龙老师的"合学教育"实践。当时学校教科室要求合作探究学习的表现一定要鲜明地呈现在课堂上。于是语文教学中就出现了一些粗线条的设计，以便于探究合作。今天回头看，每一点进取，哪怕是一点点，都会催生一些激进甚或是畸形的东西。下面的课例就是一个典型的例子。说成粗线条是遮丑的说法，应该是粗糙吧。

现在我们说说笔者的《背影》教学设计中的两个环节。

环节四　教师下水

教师朗读作品《母爱》，增强理解《背影》体现的亲情的主题。

环节六　作业

课下搜寻提炼材料，精心构思布局，完成一篇歌颂父母之爱的文章提纲，准备完成一篇大作文。

先说环节四，这教师下水的环境不对呀。既不是作文课，又不是为学生设计的活动。纯粹的教师的"评书场"，画蛇添足。敢在学《背影》时，读下水作品，首先这个举动有点轻佻。环节六布置安排写大作文，也不对啊。还是刚才说的话，这不是作文课啊。学习《背影》这样的定篇，我们首先要充分学习它的丰富内涵。其他的活儿，另择良机吧。环节六是典型的把定篇处理成用件，拓展无沿。

教学设计样例：《背影》教学简案

注：此案是上面剖析的问题案例。

【教学目标】

1. 整体把握课文，体察人物思想感情；

2. 合作探究学习本文精巧的构思和独特的传情艺术，并引导学生写作；

3. 体察深厚而动人的父子深情，激发学生对父母的爱，对父母的感恩之心。

【教学过程】

一、渲情导入

播放歌曲《父亲》，渲染气氛，循势导入。

二、自由阅读，整体感知

（问题设置：用一两句话概括文章内容。）

（通过对父亲背影的刻画及对往事的回忆叙述，表达了父亲对儿子深深的爱和儿子对父亲的爱与思念。）

三、复读课文，合作探究，追寻美点，指导写作

成果示略：

1. 情感美

（该文情感真挚，朴诚厚重，开篇铺垫，结尾深化，中间细节传情，浓郁的父亲爱子深情，炽烈的儿子思父情感感人至深。）

2. 选材美

（该文选材视角独特，不从正面着笔，而是选取背影这一独特视角来表达情感。）

3. 结构美

（以背影为线索一线贯穿；前有铺垫，后有深化，首尾呼应等。）

4. 细节美

（文中多处细节，细腻传神，如父亲的四句嘱托，父亲买橘的背影，都巧妙而不漏痕迹地表达了主题。）

5.（文辞）朴素美

（文章言语淳朴，铅华不染，但却准确细腻，表情达意深刻。）

四、教师下水

教师朗读作品《母爱》，增强理解《背影》体现的亲情的主题。

五、推荐迁移阅读（超文本链接）

1.《秋天的怀念》（史铁生）；

2.《父亲的爱》（沈宇涛）；

3.《父亲的鼾声》（许志仁）。

六、作业

课下搜寻提炼材料，精心构思布局，完成一篇歌颂父母之爱的文章提纲，准备完成一篇大作文。

第八讲　关注核心素养的科普说明文教学

——以《被压扁的沙子》为例

科普作品在陈述专业科学知识时要求把握一定程度的严谨性。这就要求有充分的科学根据，也要求有严谨的求证精神。其前提是探索、求实、思辨的科学精神。唯有此，才能做到有充分的科学根据。抓住每一次学习科普作品的机会，在具体的学习中来慢慢培养学生具备这些科学精神。让"思维发展与创新"这一核心素养之花绽放在思辨的课堂上。

《被压扁的沙子》编排在统编教材八年级下册第二单元。

我们先来看单元按语：

草木枯荣，大雁去来，恐龙无处不有，沙子极为致密，这些现象背后都蕴含着一定的科学道理。本单元的课文都是阐释事理的说明文，涉及物候学、地质学、生态学等领域，体现了求真、严谨的科学精神。

学习本单元，要注意理清文章的说明顺序，筛选主要信息，读懂文章阐述的事理；还要学习分析推理的基本方法，善于发现问题、思考问题、质疑问难，激发科学探究的兴趣。

第一段话介绍了这一单元的学习内容及文章的归属。第二段话是在阐明单元学习任务。任务有两个：

（1）理清文章的说明顺序，筛选主要信息，读懂文章阐述的事理；

（2）学习分析推理的基本方法，善于发现问题、思考问题、质疑问难，激发科学探究的兴趣。

我们来看积累拓展·五。

恐龙灭绝的原因到底是什么？课文为我们提供了两种假说，其实还有多种相关的假说。课外搜集整理资料，写一篇小短文阐述你的认识，并相互交流。

我们发现，积累拓展·五的问题紧密关照了单元按语中学习任务的条目二，即"学习分析推理的基本方法，善于发现问题、思考问题、质疑问难，激发科学探究的兴趣"。这是在提醒、招引教师要培养学生的"思维发展与创新"这一核心素养。基于此，也关照单元按语中学习任务的条目一，设置《被压扁的沙子》一课的学习目标为：

（1）了解文章所说明的事理，筛选主要信息，理清说明思路（说明顺序）。

（2）激发学生爱好科学、主动探索的精神，学习求实思辨的推理方法。

这样，《被压扁的沙子》教学流程的整体感知部分、探究学习部分是照应学习目标一，教学流程的拓展创新部分及拓展作业是照应学习目标二。

《被压扁的沙子》是科普作品，其主要功能和目的就是宣传普及科学知识。科普作品在陈述专业科学知识时要求把握一定程度的严谨性。这就要求有充分的科学根据，也要求有严谨的求证精神。其前提是探索、求实、思辨的科学精神。唯有此，才能做到有充分的科学根据。抓住每一次学习科普作品的机会，在具体的学习中来慢慢培养学生具备这些科学精神。让"思维发展与创新"这一核心素养之花绽放在思辨的课堂上。

教学设计样例：《被压扁的沙子》教学设计

【教学目标】

1.了解文章所说明的事理，筛选主要信息，理清说明思路（说明顺序）；

2.激发学生爱好科学、主动探索的精神，学习求实思辨的推理方法。

【教学重点、难点】

1.理清说明思路（说明顺序）；

2.学习求实思辨的推理方法。

【预习安排】

利用科普资料、网站，查阅搜集有关恐龙灭绝原因的材料，比较推理后，选择自己支持的推测。准备课上交流。可以和爸爸妈妈多做交流哟！

【课时安排】

1课时

【教学内容】

一、导入新课（猜读题目激趣）

猜读文章题目《被压扁的沙子》。

文章的题目通常对文章有一定的概括或提示作用，看到本文的题目《被压扁的沙子》，你猜想本文会写些什么呢？

（学生猜读，激趣引导阅读。）

（本文到底介绍什么科学知识，我们肯定能在文章里找到答案，就请大家和我一起进入阿西莫夫书写的科学世界吧！）

二、整体感知（筛选主要信息）

学生自读课文，思考问题。

题板检测：

1.文章的说明对象（　　）。

2.对于6500万年前恐龙的灭绝，科学界存在着（　　）、（　　）两种对立的说法。阿西莫夫支持哪种？（　　）

3.火山口有斯石英吗？（　　）

4.被压扁的沙子、二氧化硅、斯石英、普通的沙子、非常纯的沙子是什么关系?

5. 欣赏文章题目《被压扁的沙子》。

明确:

1. 文章的说明对象（恐龙灭绝的原因）。

（明确答案之后展示恐龙化石图片，激发学生兴趣。）

2. 对于6500万年前恐龙的灭绝，科学界存在着（"撞击说"）、（"火山说"）两种对立的说法。阿西莫夫支持哪种？（"撞击说"）

3. 火山口有斯石英吗？（没有）

4. 被压扁的沙子、二氧化硅、斯石英、普通的沙子、非常纯的沙子是什么关系？

（二氧化硅就是非常纯的沙子，是普通的沙子的主要成分，二氧化硅在超高压下就是被压扁的沙子，就是斯石英。）

5. 欣赏文章题目《被压扁的沙子》

（"被压扁的沙子"是文章进行科学推理的依据，即"撞击"为恐龙灭绝原因；《被压扁的沙子》题目本身就是个疑问，设置悬念，激发读者阅读兴趣；拟题巧妙新颖，不落俗套。）

三、探究学习：理清说明思路（说明顺序）

阿西莫夫是怎样一步步说明的？

明确整体说明思路（说明顺序）：

阐明科学发现→观点产生→科学研究发现→印证观点。

这是一种追本求源，由因到果的逻辑说明顺序。

明确局部说明思路（说明顺序）：

请阅读6～17自然段。

1. 作者对苏联科学家的实验研究成果进行了介绍，一立方英寸被压扁的沙子比一立方英寸普通的沙子要重得多。这种被压扁的沙子因此被称为斯石

英。斯石英的原子之间结合得极为致密，在通常条件下，斯石英可以保持数百万年。（特点）

2. 在一些地方已经发现了斯石英，而且有证据显示这些地区曾经受到过巨大陨石的撞击。（分布）

3. 在进行过原子弹爆炸实验的场地也发现了斯石英，它是由膨胀火球的巨大压力形成的。（分布）

作者认为斯石英也应该出现在压力极高的地壳深处。

4. 火山活动地区至今没有发现过斯石英。作者认为，地壳深处的斯石英可以通过火山喷发被携带到地表。然而，喷发温度极高，岩石会被熔化，所以任何由火山携带而来的斯石英都被转化为普通的二氧化硅。（分布）

由此作者断定：斯石英出现的地方肯定发生过撞击。

5. 加上科学家又有新的发现：在岩层年龄为6500万年的新墨西哥州拉顿地区的岩层中，检验到了斯石英存在的一种原子排列。（发现）

就这样，作者最后确认，造成恐龙灭绝的原因不是火山活动，而应该是撞击。

四、拓展创新：我是一个推理专家

对于恐龙的灭绝原因，还有诸多说法。你支持哪种推测？请进行推理说明。

※ 气候变迁说 ※

6500万年前，地球气候陡然变化，气温大幅度下降，造成大气含氧量下降，令恐龙无法生存。也有人认为，恐龙是冷血动物，身上没有毛或保暖器官，无法适应地球气温的下降，都被冻死了。

※ 物种斗争说 ※

恐龙年代末期，最初的小型哺乳类动物出现了，这些动物属啮齿类食肉动物，可能以恐龙蛋为食。由于这种小型动物缺乏天敌，越来越多，最终吃光了恐龙蛋。

※ 大陆漂移说 ※

地质学研究证明，在恐龙生存的年代，地球的大陆只有唯一一块，即"泛古陆"。由于地壳变化，这块大陆在侏罗纪发生较大的分裂和漂移现象，最终导致环境和气候的变化，恐龙因此而灭绝。

※ 地磁变化说 ※

现代生物学证明，某些生物的死亡与磁场有关。对磁场比较敏感的生物，在地球磁场发生变化的时候，都可能导致灭绝。由此推论，恐龙的灭绝可能与地球磁场的变化有关。

※ 植物中毒说 ※

恐龙年代末期，地球上的裸子植物逐渐消亡，取而代之的是大量的被子植物，这些植物中含有裸子植物中所没有的毒素。形体巨大的恐龙食量奇大，摄入被子植物导致体内毒素积累过多，终于被毒死了。食肉动物将有毒的肉吃下后也被毒死了。

※ 酸雨说 ※

白垩纪末期可能下过强烈的酸雨，使土壤中包括锶在内的微量元素被溶解，恐龙通过饮水和食物直接或间接地摄入锶，出现急性或慢性中毒，最后一批批死掉了。

※ 造山运动说 ※

在白垩纪末期发生的造山运动使得沼泽干涸，许多以沼泽为家的恐龙因此无法再生活下去。因为气候变化，植物也改变了，食草性的恐龙不能适应新的食物，而相继灭绝。食草性恐龙的灭绝使肉食性恐龙也失去了依持，结果也灭绝了。此一灭绝过程，持续了一千万至两千万年。到了白垩纪末期，恐龙终至在地球上绝迹。

※ 自相残杀说 ※

因为气候问题，植物大量灭绝，从而使以植物为食的食草龙渐渐灭亡，而肉食者，也因为没有了食物而变得疯狂，自相残杀而灭绝。

※ 物种老化说 ※

物种老化说认为恐龙由于繁荣期长达 1.6 亿年，使得肉体过于巨大。而且，角和其他骨骼也出现异常发达的现象，因此在生活上产生极大的不便，终于导致绝种。

恐龙中最具代表性的迷惑龙，体长 25 米，体重达 30 吨，由于体型过于庞大，使其动作迟钝而丧失了生活能力。另外，三角龙等则因不断巨大化的三只角以及保护头部的骨骼等部位异常发达，反而走向自灭之途。

※ 繁殖受挫理论 ※

2013 年以前，已经在世界上许多地方陆续发现了古老爬行类的蛋化石，尤其是恐龙的蛋化石。按照形态结构，可以把恐龙蛋分为短圆蛋、椭圆蛋和长形蛋等种类。恐龙蛋的大小变化范围很大，蛋壳厚度及其内外部"纹饰"、蛋壳结构及其壳层中的椎状层和柱状层比例变化范围都存在不同的差异。为了深入开展恐龙蛋内部特征的研究，科学家已经采用了很新的技术和多种方法，如扫描隧道显微镜、x 射线衍射仪、偏光显微镜、CT 扫描仪等等。中国科学家首次采用 CT 技术，对山东莱阳出土的恐龙蛋化石进行了无损伤内部结构特征的研究，发现了山东莱阳的一些恐龙蛋化石具有其他方法无法观察到的恐龙胚胎。

对这些恐龙蛋的深入研究使研究者相信，恐龙的灭绝与它们的繁殖受挫有关。而繁殖受挫的表现就是大量的恐龙蛋的孵化出现了问题。

支持推测：_____

推理说明：_____

_____

_____

【拓展作业】

1. 我是探秘者

宇宙浩瀚,世界多彩,勤劳智慧的人类一直在不懈地探索,但至今仍有许多未解之谜。神秘的百慕大三角、麦田怪圈、UFO之谜、恐怖的食人植物、金字塔之谜、巨鲸集体自杀、鹦鹉"学舌"的秘密、梦游之谜……它们的神秘一定牵动着你的好奇吧,那就让我们做一个探秘者,选择一个至今未解之谜,做一个小推理,写成一篇小短文,与同学们交流。之后装订成册,存入我们的学习档案库。

(提醒:安排好说明顺序哟。)

2. 推荐阅读:《十万个为什么》

第九讲　问题的组合呈现
——以《安塞腰鼓》为例

组合问题学习是开始于问的。这一问必将开启一节课学习的大幕。必须做到几个关照：

要关照学习内容，能完成学习目标。

要关照学情，求学生力所能及。即有不逮，在教师引领下，也能走过阻塞。

要关照科学性，不是几个问题的简单捆绑。

2015年12月2日，深圳市龙岗教师进修学校，晚七点，一位热情洋溢的教授开讲。学习项目是河北省名师班省外培训。在这节课上我接触到"组合问题"这一表述。教授是进行数学研究的，他就以数学为例进行讲析。具体的例子是小学数学知识点：角。他边讲解边在黑板上做演示，声情并茂。他说，一般情况下，教师教授"角"的知识，多是依次讲解这些知识：认识"角"、认识"角"的边、认识"角"的度数，然后教学生画"角"，再让学生画"角"。结果一节课下来，忙忙乱乱，刚到让学生画"角"的环节，下课的铃声却清脆地响起了。他此刻摊开双手夸张地说，这是多么尴尬的数学课，核心任务没完成！他后面的话深深地击打了我。他说，我们可以让学生在黑板上直接画"角"的。请大家相信，整整一个班的生龙活虎的孩子，不仅会完成，而且还会出色完成这项任务的。至于认识"角"的边的事、认识"角"的度数的事，都已经不是事。让我脑洞大开的词语出现了，这就是"组合问题"学习法。这不是一直以来自己苦苦琢磨，似有感觉却一直不能悟开的事情吗？突然开窍的欣然中，我又一次展开手中介绍他时用的材料，也就深深地记住了他：黄爱华，广东省特级教师……那次省外培训学习，我是学习委员，负责介绍每一位专家。作为学习委员，我也真是学有所得，真是不虚远行。

以上是我认识"组合问题"学习法的事。但这件事远没有结束，是我实践的开始。随着时间的延续，一些认识也渐渐清晰起来。下面就进行必要的廓清陈述。

（1）组合问题学习是开始于问的。这一问必将开启一节课学习的大幕。必须做到几个关照：

要关照学习内容，能完成学习目标。

要关照学情，求学生力所能及。即有不逮，在教师引领下，也能走过阻塞。

要关照科学性，不是几个问题的简单捆绑。

（2）组合问题中的多个知识点多是不等重的，教师应做好权衡处理。

（3）组合问题有时是由主问题牵出来的。这是最舒服的课堂，这是最舒服的学习。以学习《社戏》为例来做一个阐释。

先来看主问题。文章结尾写道："真的，一直到现在，我实在再没有吃到那夜似的好豆，——也不再看到那夜似的好戏了。"其实，那夜的豆就是平常的豆，那夜的戏看得我"疲倦"。对此你是如何理解的？

这个主问题直指本文的几个学习内容，妙！

因为那里人美——赏析人物描写，感悟淳朴乡情。

因为那里景美——赏析景物描写，感受江南水乡夜景之美。

因为那里事有趣——走进有趣故事，体察乡风习俗。

老师们有一个生动形象的比喻：拔出萝卜带出泥。俗语含有贬义，这里要做衷用。一个主问题牵出一组问题，整篇文章的意境豁然开朗了。

说课稿样例：《安塞腰鼓》说课稿

我国培学习选择的研修课题是单元整体教学，今天我就《安塞腰鼓》进行说课。下面我就按说教材、说教法、说学法、说教学程序四个部分进行单篇教学说课。

【说教材】

1. 教材的地位及课文特点

《安塞腰鼓》位居人教版七年级下册第四单元，本单元选编了《社戏》《安塞腰鼓》《观舞记》《竹影》《口技》等几篇与文化艺术有关的文章。这些文章从不同的方面向学生展示了各式各样的文艺形式，对丰富学生的文化素养，开阔视野，提高审美观、价值观有一定的引领作用。

本文在写作上，内容与形式高度统一，气势恢弘，有阳刚之美，具有极大的感染力和穿透力，深受读者喜爱。所以选择《安塞腰鼓》作为单篇讲读篇目。

2. 学习目标及重难点的确立

（1）理解课文内容，感受安塞腰鼓的磅礴气势，领悟作者所歌颂的生命的力量。

（2）学习本文形、神结合的语言，注重感悟并发表自己的见解，引领学生感受文化风情教育。

【说教法、说学法】

1. 学情分析

安塞腰鼓是产生于北方黄土高原上的一种民间艺术，充满原始的意味和浓郁的乡土气息。学生对黄土高原地域大都缺乏形象的直接感受。因此，在本课教学设计上，要注重利用多媒体，让学生比较直观地感受安塞腰鼓的壮阔、豪放和火烈的气势。同时，要通过朗读调动学生的情绪和想象力，帮助学生进入角色，从而加深对课文内容的理解。

2. 教法、学法确定

无论采用什么教学方法，最终还得落到学生身上。新课程标准提出要"充分激发学生的主动意识和进取精神，倡导自主、合作、探究的学习方式"。自主探究学习理论也认为："只有学会的，没有教会的。"结合研修主题，综合本文特点，确定本课教法、学法为：

（1）单元整体教学的单篇教学；

（2）朗读法、合作学习、探究学习。

3. 课时说明：第二课时

【说教学过程】

一、导

利用时事导入，求新，求巧，激发学生兴趣。

莫迪访华了，第一站是西安，陕西人民以独具西部特色的陕北腰鼓迎接这位印度总理。从一定意义上讲，安塞腰鼓已是我们中华的一个文化符号。

二、赏

《安塞腰鼓》内容与形式高度统一，气势恢弘，有阳刚之美，具有极大的感染力和穿透力。故此，可摒弃传统的学习模式，从安塞腰鼓本身的文化魅力和文章辞章的美丽两个角度进行赏悟。

即：好一个安塞腰鼓和好一个《安塞腰鼓》！

这样学习，正是自主学习、合作学习、探究学习的很好实践。

1. 探究风情美：好一个安塞腰鼓！

提示两个思维角度，一是寻找恰当的修饰语形容安塞腰鼓，二是结合文章内容，感悟安塞腰鼓所呈现出来的各种美。最后得出认知：安塞腰鼓是力与美的完美结合。

单元整体教学的单篇教学目的在此得到较好体现，即突出本单元的文化主题。

2. 探究文辞美：好一个《安塞腰鼓》！

提示：从用词、句式（提醒：本文短句多，感叹句多，排比句、比喻句、反复句多）、修辞、文章结构等方面欣赏。

关于本文的读，第一课时要听配图视频朗读，声图并茂，增进理解，增强感染力。也要求学生自由高声朗读，体悟情境。第二课时在赏的时候要随时散读，重点处精彩处要反复地读。

关于本文的合作学习、探究学习实践，做一点赘述。小组合作学习、探究学习，充分调动所有的力量，集思广益，发现问题，解决问题，教师多提醒，多诱导，让学生拥有自己学习的权利，拥有学习的时间和空间。

三、拓

本单元的主题是"文化艺术"。单元按语中有这样的表述：通过阅读，我们可以从中看到作家对艺术的体验和感悟，及由此生发的对人生的思考和认识，可以提高自己的文化修养，陶冶性情。

为实现这样的目标，我们就要走出课文的示例教学，把教育做到近距离生活化。所以设置了这一部分的迁移拓展。展示的视频是国家级非物质文化遗产——昌黎地秧歌《扑蝴蝶》片段和昌黎民歌《天上的桫椤》。

其中《天上的桫椤》里这位女歌者是我们学校的团委书记、音乐教师马健。让学生确实感到：文化艺术，美！文化艺术，就在身边。

最后，带领学生抒发壮语：爱我美丽家乡，弘扬昌黎文化。学生情绪高昂，力量振奋，真是给力，大气，接地气！这种情境教育的效果很好。试想，如果教者把文本教学和生活本身做到最大可能的结合，那将是怎样的一种美丽啊！

至此，学习《安塞腰鼓》的一条脉络就清晰凸显而出，即感受文化——品读文化——弘扬文化。

第二编 ▷

统编教材背景下的单元整体教学

第十讲　拎出一主导 贯通整单元
托物言志是抒怀说理的好方法
——以七下第五单元为例

在我的单元整体教学中，我把这种前置型统摄这单元的课叫作"单元主导课"。

这一讲引用为例的教学设计是《常用常新的托物言志——统编教材初中语文七下第五单元单元整体教学背景下传统文化学习的教学设计》。好长的名字，读起来费劲，但只有这样才能全面完整地表达。我们不妨提炼出关键词吧。关键词有四个：托物言志、统编教材、单元整体教学、传统文化学习。这四个关键词标示出这一课是在何背景下运用何种教学方法完成何种学习任务。

何背景？使用统编教材。

何种教学方法？进行单元整体教学。

何种学习任务？传统文化（即主标题——常用常新的托物言志以及选文作品中传达出的中华民族或昂扬健硕或高洁开豁的精神）学习。

我们首先解读统编教材的双线组元。

新编教材创新设计，采用"人文主题"与"语文要素"双线组织单元的结构。所谓人文主题，即课文选择大致按照内容类型进行组合，如"修身正己""挚爱亲情""科学探索""人生之舟"等，力求形成一条贯串全套教材的显在线索。所谓语文要素，即将"语文素养"的各种基本"因素"，包括基本的语文知识、必需的语文能力、适当的学习策略和学习习惯等，分解成若干个知识或能力训练点，由浅入深，由易及难，均匀地分布在不同的教学单元和教学内容中。双线组织单元结构，既强调语文与生活的联系，重视主流文化与传统文化的渗透，促进学生形成正确的价值观、人生观；又保证了语文综合素养的基本训练，每课一得，使教学有一条大致可以把握的线索，也有层级序列较为清晰的梯度结构，使得知识与能力、过程与方法的培养与训练更为清晰。

我们看这一单元的篇目构成。

第五单元·阅读

17 紫藤萝瀑布／宗璞

18 ＊一棵小桃树／贾平凹

19 ＊外国诗二首

  假如生活欺骗了你／普希金

  未选择的路／弗罗斯特

20 古代诗歌五首

  登幽州台歌／陈子昂

  望岳／杜甫

  登飞来峰／王安石

  游山西村／陆游

  己亥杂诗（其五）／龚自珍

我们看单元按语：

王国维在《人间词话》中说："以我观物，故物皆着我之色彩。"诗文中描写的景物往往浸透着作者的情感，所以我们能够在山川溪泉中听见回荡的心声，在花草树木间发现人生的影子。这个单元的课文或借景抒情，或托物言志，字里行间闪烁着哲理的光彩，带给我们许多启迪。

本单元学习托物言志的手法：体会如何运用生动形象的语言写景状物，寄寓自己的情思，抒发对社会人生的感悟。建议运用比较的方法阅读，分析作品之间的相同或不同之处，以拓宽视野，加深理解。

阅读思量后，会有这些认识。

1. 双线组织单元的特征明显

我们可以归结出单元的人文主题：人生感悟。这条显在线索将单元中的诗文贯穿起来。我们可以一目了然地看出语文要素知识：托物言志、借景抒情。同时这语文要素知识和单元人文主题又是融合到无缝。是呀，我们的先贤文豪们不正是这样或用托物言志或用借景抒情来吟咏人生吗？这"生命"的文章内涵，这托物言志、借景抒情的文学标码，几乎流贯了整个文学史。这就是我把教学设计标题命名为"常用常新的托物言志"的原因。托物言志、借景抒情的文学写作手法不仅我们的祖宗用，我们现在也用；不仅我们的祖宗用这些写作手法妙手丹青般地留下美文，我们也在用这些写作手法在笔端流泻出咸咸淡淡的人生体悟。

这双线组元，妙哉！

2. 用单元整体教学最好

我们可以先设想，这个单元的文章一篇一篇逐次学下来，那就是在吃一桶杂果罐头，那就是在吃一盘子水果沙拉，苹果还是苹果，香蕉还是香蕉。也许这个比喻不恰当，但我还是想说我要做成一听水果酱。也就是说我要将这一单元的文章高度地融合。在我的单元整体教学中，我把这种前置型统摄这单元的课叫作"单元主导课"。

本单元的主导课的"主"在哪个点上呢？在托物言志。笔者把这单元九篇古诗文进行梳理，《紫藤萝瀑布》《一棵小桃树》两文运用了托物言志；《己亥杂诗（其五）》运用了移情于物，处理成托物言志或者处理成借景抒情都说得过去；《未选择的路》《登幽州台歌》《望岳》《登飞来峰》《游山西村》运用了借景抒情；《假如生活欺骗了你》没有运用这两种写作手法。基于《紫藤萝瀑布》是定篇，基于学生已比较熟悉借景抒情的学情，本单元主导课的主题就定为托物言志。

3. 教材的重构

第一步，学习认知"托物言志"。这是单元语文要素知识，这是解读文章密码的钥匙。学习认知"托物言志"，采用激趣导入的学法。在琅琅的读诗声中，抛掷一问：读黄巢菊花诗两首，体会花和人的关系。在剥茧破茧的争论推衍中，引出托物言志学习，重点学习托物言志写法的特点：

（1）要绘物之形，做到特征突出；

（2）要赞物之品，做到准确明晰；

（3）要言己之志，表达出赞美追求的某种精神、品格、道德、理想等。

第二步，重点突破，学以致用。品读《紫藤萝瀑布》，体会托物言志的手法在文中的具体运用：品出紫藤萝之形美（花瀑、花穗、花朵三个角度），品出紫藤萝之品美（生命力顽强），品出作者赞美追求的精神情怀（奋斗不止地追求新生活）。

在学到语文要素知识后，从容欣赏文之美，已入佳境。

本单元的主导课到此并未结束，仍要深入，要进一步加强理解托物言志。

第三步，通过吟咏品读引用的两组古诗词，学习一种事物的多种象征意义及多种事物共同具备的同一种象征意义。至此，托物言志的知识已展露无遗。我们已磨好削铁的利剑，就等所向披靡地攻陷单元学习的阵地。

教学设计样例：常用常新的托物言志

——统编教材初中语文七下第五单元单元整体教学背景下传统文化学习的教学设计

【教学目标】

1. 学习托物言志的方法；

2. 体会一种事物的多种象征意义及多种事物共同具备的同一种象征意义；

3. 感悟诗文作品体现的高洁的人文情怀。

【教学重点】

掌握托物言志诗文的特点及鉴赏方法。

【教学难点】

学习一种事物的多种象征意义及多种事物共同具备的同一种象征意义。

【教学流程】

一、引

大屏幕展示色彩斑斓的菊花图，激发学生兴趣，引出黄巢的菊花诗，为学习托物言志设置情境。

二、悟

读黄巢菊花诗两首，体会花和人的关系。

附黄巢菊花诗两首：

菊　花

（唐）黄巢

待到秋来九月八，我花开后百花杀。

冲天香阵透长安，满城尽带黄金甲。

题 菊 花

（唐）黄巢

飒飒西风满院栽，蕊寒香冷蝶难来。

他年我若为青帝，报与桃花一处开。

结论：写花是言己之志。

引出托物言志的话题，明确托物言志的知识。

附托物言志概念及特点：

概念：托物言志是古典诗词中常见的一种表现手法。所谓托物言志，也称寄意于物，是指诗人运用象征或起兴等手法，通过描摹客观事物的某一个方面的特征来表达作者情感或揭示作品的主旨。采用托物言志手法写的文章，其特点是用某一物品来比拟或象征某种精神、品格、思想、感情等。

托物言志写法的特点：

1. 要绘物之形，做到特征突出；

2. 要赞物之品，做到准确明晰；

3. 要言己之志，表达出赞美追求的某种精神、品格、道德、理想等。

三、品

品读《紫藤萝瀑布》，体会托物言志的手法。

反复阅读，反复品味，体会托物言志的手法在文中的具体运用：品出紫藤萝之形美（花瀑、花穗、花朵三个角度），品出紫藤萝之品美（生命力顽强），品出作者赞美追求的精神情怀（奋斗不止地追求新生活）。

四、赏

1. 赏梅花图，引出描写梅花的词，体会一物的多种象征意义。

附两首描写梅花的词：

卜算子·咏梅

（南宋）陆游

驿外断桥边，寂寞开无主。

已是黄昏独自愁，更着风和雨。

无意苦争春，一任群芳妒。

零落成泥碾作尘，只有香如故。

卜算子·咏梅

毛泽东

风雨送春归，飞雪迎春到。

已是悬崖百丈冰，犹有花枝俏。

俏也不争春，只把春来报。

待到山花烂漫时，她在丛中笑。

分析：陆游《卜算子·咏梅》托物言志，巧借饱受摧残、花粉犹香的梅花，比喻自己虽终生坎坷，绝不媚俗的忠贞。毛泽东《卜算子·咏梅》是毛泽东读陆游同题词，反其意而作。写梅花的美丽、积极、坚贞，不是愁而是笑，不是孤傲而是具有革命者的操守与傲骨。

2. 赏《石灰吟》《己亥杂诗·其五》体会多物共同具备的同一种象征意义。

附《石灰吟》《己亥杂诗·其五》诗两首：

石 灰 吟

（明）于谦

千锤万凿出深山，烈火焚烧若等闲。

粉骨碎身全不怕，要留清白在人间。

己亥杂诗·其五

（清）龚自珍

浩荡离愁白日斜，吟鞭东指即天涯。

落红不是无情物，化作春泥更护花。

分析：两首诗有一个共同的象征意义，即勇于自我牺牲，甘于奉献。

五、拓

布置拓展阅读任务，推荐阅读篇目：

1.《墨梅》（元·王冕）

2.《爱莲说》（北宋·周敦颐）

3.《白杨》（袁鹰）

4.《荔枝蜜》（杨朔）

（目的是在迁移拓展阅读中，加深学生对托物言志写法的理解。）

第十一讲　基于学科素养的深度学习
——以九上第三单元为例

确定科学合理的单元主题，这是深度学习的外显任务（深度学习的终极目标指向语文核心素养）；设计适宜恰切的学习活动，这是深度学习的支架。

2016年，昌黎·海淀区域教育整体推进项目拉开帷幕。在长达三年的合作发展中，语文学科受惠颇深。项目启动伊始，海淀进修学校校长罗滨就率领她的团队来昌黎进修学校，给昌黎教师做深度学习的培训。

罗滨校长曾多次阐释深度学习的内涵。

深度学习是指在教师引领下，学生围绕着具有挑战性的学习主题，全身心积极参与、体验成功、获得发展的有意义的学习过程。它指向社会人的全面发展，是形成学生核心素养的基本途径。深度学习强调链接和赋能，链接已有经验和新知识、学习和做事、课内和课外、现在和未来；赋能学生浓厚持久的兴趣，内在学习动机，可关联的方法和工具，有独立性、批判性、创造性、合作精神，有迁移和创新精神。

深度学习倡导单元学习。学习单元是指课程实施的单元，以学科核心素养及其进阶发展为目标，对相关教学内容进行整合，强调学习目标、学习情境、学习任务、学习活动和学习评价的一致性。学习单元以主题为中心，每一个学习单元通常需要若干课时完成。单元学习主题是围绕学科某一核心内容组织起来的，它是体现学科知识发展、学科思想与方法深化或丰富认识世界的方式，能够激发学生参与学习活动、促进学生持续发展的学习主题。单元学习是一组彼此关联的、结构化的系列学习活动。学习内容分析是合理设计学习单元的前提。深度学习要求整体把握学科体系，在准确把握课程标准的基础上，系统分析教材内容及其所承载的素养发展价值和社会应用价值，根据学生实际情况，每学期整体设计学习单元，明确单元主题。

根据以上阐释及更多关于深度学习的介绍，我们梳理实践深度学习的核心要素。

（1）确定科学合理的单元主题，这是深度学习的外显任务（深度学习的终极目标指向语文核心素养）；

（2）设计适宜恰切的学习活动，这是深度学习的支架。

教学设计样例：语文人教版九年级上册第三单元"深度学习"教学设计

【"深度学习"单元主题】

少年生活

【"深度学习"目标】

1. 批注阅读，整体把握文章的故事内容，体味鲜明的人物形象，认知学习丰富多样的小说塑造人物的方法（有概括介绍，也有形象描绘；有外貌和内心描写，也有行动和对话描写；有正面描写，也有侧面描写；还有对比描写）；

2. 比较阅读，欣赏小说的环境描写；

3. 体验成长，分享成长的滋味与经验。

【单元主活动】

开展一次以"体验成长"为主题的说故事活动。

"深度学习"初始学习活动（主活动入口）

1. 观看《林黛玉进贾府》视频片段，并阅读原著文字，欣赏生动的人物描写，激发学生兴趣。

2. 启动"开展体验成长交流活动"的准备工作：个人整理加工成长故事，并配上成长照片或图画，进行班级合集展示。

探究学习活动一　描绘多彩的人物画廊

（隐性任务：梳理故事，学习刻画人物的描写方法和写作手法）

教学目标：整体把握文章的故事内容，体味鲜明的人物形象，认知学习丰富多样的小说塑造人物的方法（有概括介绍，也有形象描绘；有外貌和内心描写，也有行动和对话描写；有正面描写，也有侧面描写；还有对比描写）。

★教学载体：《故乡》《孤独之旅》《我的叔叔于勒》《心声》

★教学方法：批注阅读、小组合作探究

★教学时数：2课时

★教学步骤：

一、导入新课

世界上没有两片完全相同的树叶，世界上也没有两个完全相同的人。而那些匠心独运的作家又是怎样刻画出栩栩如生、形态各异的人物的呢？今天就让我们走进一个多彩的人物画廊，来欣赏他们各异的形象风貌，欣赏作家们高超的描写技艺。

二、学生探究

1. 探究活动：给小说人物制作标签

2. 探究题目

（1）勾画出作品中的主要人物。

（2）给这些小说人物制作标签，如少年闰土是最可爱的人物，菲利普夫妇是最可恶的人物等。

（3）探究人物刻画成功的原因，继而欣赏塑造人物方法的运用。

3.探究方式：批注阅读、小组合作学习

三、汇报交流

四、探究收获

五、作业

1.作业内容

（1）选定作品中的一个人物，根据课堂收获，写写对这个人物更深更具体一点的认识。

（2）设置一个情境，完成一次人物描写。

2.作业要求

（1）对作品中人物的认识可以是多角度的，如性格认知、形象成功塑造的欣赏、人物比较、性格形成探究等。

（2）谈人物认识要有具体充分的根据。

（3）设置的环境要具体合理。

（4）描写的人物要性格突出，调动的描写技法恰当。

3.评价标准

评价形式：小组推荐汇报

评价者：学生、老师

评价方式：互评、点评

探究学习活动二　做一次水墨丹青的旅行

（隐性任务：比较阅读、欣赏小说的环境描写）

教学目标：认知学习小说的环境描写（包括社会环境和自然环境），探究环境描写的作用。

★ 教学载体:《故乡》《孤独之旅》《我的叔叔于勒》《心声》

★ 教学方法:比较阅读、小组合作探究

★ 教学时数:1 课时

★ 教学步骤:

一、导入新课

著名学者王国维语云:一切景语皆情语。今天就让我们来欣赏几篇作品中的环境描写,做一次水墨丹青的旅行。

二、学生探究

探究活动:比较阅读,欣赏小说的环境描写,体味寄寓在环境描写中的小说作者的感情,探究环境描写的作用。

探究题目:

(1)勾画出几篇作品中的环境描写语句或语段。

(2)结合写作背景,结合语言环境,体味寄寓在环境描写中的小说作者的感情,探究环境描写的作用。

探究方式:小组合作探究

探究所需教学资料:景物描写的作用知识卡片

1. 揭示时代背景

景物描写的一个重要作用就是交代故事发生的时间、地点,有时也揭示作品的时代背景。比如,《故乡》开头的景物描写:既烘托了"我"当时的悲凉心情,又交代了背景,揭示了广大农民的悲惨遭遇,还为全文定下了灰暗的感情基调。

2. 推动情节发展

有时景物描写能够推动情节向前发展。如沈石溪《斑羚飞渡》中斑羚群在猎人的追捕下陷入绝境时有这样一段景物描写:"斑羚群又骚动起来。这时，被雨洗得一尘不染的天空突然出现一道彩虹，一头连着伤心崖，另一头飞越山涧，连着对面那座山峰，就像突然间架起了一座美丽的天桥。斑羚凝望着彩虹，有一头灰黑色的母斑羚举步向彩虹走去，神情恍惚，似乎已经进入某种幻觉状态。也许，它们确实因为神经高度紧张而误以为那道虚幻的彩虹是一座实实在在的桥，可以通向生的彼岸。"

这里，彩虹的描写渲染出一种神秘色彩并推动情节发展。头羊之所以想出飞渡的办法，或许就是受了彩虹的神秘启示。

3. 烘托人物心情

景物描写有时可以渲染一种特定的氛围，烘托人物的情趣、心境，表现人物的心理。如"我们上了轮船，离开栈桥，在一片平静得好似绿色大理石桌面的海上驶向远处。"（选自《我的叔叔于勒》）这里的景物描写渲染了全家人到哲尔赛岛旅行时的愉快心情。当得知于勒叔叔并没有发迹时，母亲大为不满，因为我给了于勒叔叔10个铜子的小费而破口大骂，弄得"后来大家都不再说话"，此时"我"眼中的哲尔赛岛却是另一番景象："在我们面前，天边远处仿佛有一片紫色的阴影从海底钻出来。那就是哲尔赛岛了。"这里的景物描写则烘托出了"我"失望、沮丧的心情，与上船时的愉快心情形成了鲜明对比。

4. 揭示人物性格

人物周围的环境，包括室内外的装饰布置，都能够展示一个人的身份、气质、个性等，因此作家注意用景物来展示人物性格。如《驿路梨花》中对小茅屋的描写。

（1）"白木门板上用黑炭写着两个字：'请进'。"

（2）"火塘里的灰是冷的，显然，好多天没人住过了。一张简陋的大竹床铺着厚厚的稻草。倚在墙边的大竹筒里装满了水。"

（3）"墙上写着几行粗大的字：'屋后边有干柴，梁上竹筒里有米，有盐巴，有辣子。'"

这都反映出主人的热情、好客、细心的性格。

5. 表达情感

"一切景语皆情语。"（王国维语）景与情总是联系在一起的，写景抒情讲究的是情景相宜、缘情写景。作者往往是为了抒发自己的感情，达到借景抒情、情景交融的目的。如《从百草园到三味书屋》中"夏天百草园"一段"油蛉在这里低唱，蟋蟀们在这里弹琴"。在作者小时候听来，油蛉、蟋蟀的叫声犹如人在悠扬的琴声伴奏下婉转地低唱，其间传递着作者愉快、喜悦的心声，表达作者对大自然的喜爱和向往之情。

6. 深化作品主题

景物描写，是直接或间接地为文章主题服务的。作品中的景物描写，往往可以丰富文章内涵，使作者的感情得到升华，文章的主题得以深化。这一作用一般出现在文章的结尾。例如《故乡》的结尾，作者再次描写了海边的景色："我在蒙胧中，眼前展开一片海边碧绿的沙地来，上面深蓝的天空中挂着一轮金黄的圆月。"这是"我"对故乡未来美好生活的憧憬，表现出"我"改造旧社会、创造新生活的强烈愿望和决心。

三、汇报交流

四、探究收获

五、作业

1. 作业内容

（1）进行一次特定心境下的环境描写。

（2）准备一则自己成长的故事。

2. 作业要求

（1）设置一种人物的心情（例如兴奋、沮丧等），再选择一种或一组景物，进行景物描写。

（2）景物描写时，要调动恰当的感官（包括视觉、听觉、触觉、嗅觉等）

描写和修辞描写，使描写更生动。

（3）要求景物描写与心情色调一致。

（4）故事要真实。

（5）要梳理出自己的成长感悟。

3. 评价标准

评价者：学生、老师

评价方式：互评、点评

评价要求：

（1）是否调动了恰当的感官描写和修辞描写。

（2）景物描写与心情色调是否一致。

探究学习活动三 体验成长

教学目标：通过分享成长故事，汲取成长经验

活动形式：分享故事

★教学时数：1课时

★教学步骤：

一、导入新课

聆听他人的成长故事，汲取人生经验，倾吐自己的成长故事，重温成长温暖。今天我们就说说自己的成长，回眸岁月，撷取成长花絮，共享成长的多味与美丽。

二、学生活动

分享活动：交流分享成长故事

活动目标：汲取成长经验

三、拓展

展示一些名人或熟识的人的成长故事，分享给你的同学。

四、作业

1. 作业内容

交流实践，把自己的成长故事整理加工成文，并配上成长照片或图画，进行合集展示，开展一次体验成长的交流活动。如果条件可以，就做一下装帧。

2. 作业要求

（1）把故事加工生动，可适当增加文章事例的数量；

（2）誊写清楚，给文字配上成长照片或图画，可做适当的文字说明；

（3）班级装订成册，举行一次"体验成长，感悟成长"交流活动，展期为一周。

3. 评价标准

评价者：学生、老师

评价方式：互评、点评

评价细则：

（1）参考中考作文评价标准，评定作文质量。

（2）做到图文相符，大方美观。

终极展示活动（主活动出口）

"体验成长，感悟成长"交流活动

第十二讲　驾驭项目式教学、单元整体教学双翼开启统编教材"活动·探究"单元学习之旅

——以八下第四单元为例

小组合作学习是活动与探究的起点,是"活动·探究"单元学习的基石。

一、课程说明(关于教材编写说明5)

强调学生自主活动、体验,引导学生在语文综合实践中获得语文能力。

语文是综合性、实践性很强的学科,忽视这一特点,语文教学会更多地陷入课文分析、知识讲解、机械训练中。随着课改的深入,人们越来越多地认识到培养听说读写综合能力的重要,培养在特定情境中完成特定任务、解决特定问题能力的重要。为此,新编教材在原来重视语文综合性学习活动的基础上,在八、九年级新增4个专门的活动探究单元,以培养学生的语文实践能力。活动探究单元以任务为轴心,以阅读为抓手,整合阅读、写作、口语交际,以及资料搜集、活动策划、实地考察等项目,形成一个综合实践系统,读写互动,听说融合,由课内到课外,培养学生综合运用语言文字的能力。其基本设计思路是:文本学习—实践活动—写作。

二、授课设计说明

1.培养一种学习模式——"自主·合作·探究"学习

"自主·合作·探究"学习已在第二讲有阐述,此不赘述。

小组合作学习特点：高度地自主、深入地探究、积极地交流。

小组合作学习是活动与探究的起点，是"活动·探究"单元学习的基石。

2. 驱动两种教学方法：项目式教学、单元整体教学

项目式教学能很好地厘清本单元的三个任务，逐步推进，不至于顾此失彼，不至于厚此薄彼。

单元整体教学帮我们高效、有重点又能兼顾全局地解读几篇课文，避免零敲碎打，避免重点任务不明，避免课时拖沓吃紧。

3. 打造三步推进的"活动·探究"流程

任务一，学习演讲词；

任务二，撰写演讲稿；

任务三，举办演讲比赛。

教学设计样例："我"是演讲者
——统编教材初中语文八下第四单元"活动·探究"学程设计

任务一，学习演讲词

1. 单元通读（2课时）

（1）排除生字词障碍，了解四篇演讲词的写作背景及"一二·一"运动、格物致知、汉字激光照排系统、奥林匹克等知识，认知四篇演讲词的主题；

（2）了解演讲词的特点及四篇演讲词的特点。

2. 模拟演讲（1课时）

任务二，撰写演讲稿（2课时）

1. 学习演讲稿的写作技巧；

2. 欣赏贴近中学生生活的演讲稿，进一步了解演讲词特点；

3. 撰写演讲稿；

4. 小组交流、修改演讲稿，推荐发言代表。

任务三，举办演讲比赛

1. 准备（1课时）

（1）交流演讲比赛的技巧；

（2）欣赏演讲视频（《我是演说家》第四季刘慧凝《守住初心》《少年，你不能这样过一生》《人工智能不能代替人》等），学习演讲技巧；

（3）推选评委、主持人，学习评分规则。

2. 举办演讲比赛（2课时）

（1）各小组推举的选手比赛；

（2）总结及表彰。

附活动评价表格：

表1 统编语文八下第四单元"活动·探究"评价预习质量数据表

	组长	作业数量	得分	评优数量	得分	核分	备注
第一组	张炜琦	2	20	2	10	30	
第二组	何浩然	4	40	3	15	55	
第三组	牛坤杰	2	20	1	5	25	备注（一）得分标准：
第四组	王佳梦	2	20	2	10	30	1. 交一份作业得10分；
第五组	田湘宁	4	40	2	10	50	2. 获一份优秀得5分；
第六组	支钰雯	2	20	2	10	30	3. 核分即为该小组最后得分
第七组	王子俊	3	30	1	5	35	
第八组	张璐瑶	4	40	0	0	40	备注（二）
第九组	齐芮莹	3	30	2	10	40	两个5人小组成绩以4核算
第十组	邱奥童	2	20	2	10	30	
第十一组	马佳冉	3	30	0	0	30	备注（三）
第十二组	孙艺纳	4	40	2	10	50	得分率为交作业人数（或评优人数）除以班级总人数
第十三组	赵小颖	4	40	2	10	50	
第十四组	黄炫然	2	20	1	5	25	
小计		41	410	22	110		
得分率			70.7%		37.9%		

表2 统编语文八下第四单元"活动·探究"评价单元整体探究学习质量数据表

	组长	作业数量	得分	评优数量	得分	核分	备注
第一组	张炜琦	4	40	2	10	50	
第二组	何浩然	4	40	3	15	55	
第三组	牛坤杰	2	20	2	10	30	
第四组	王佳梦	2	20	2	10	30	备注(一)得分标准：
第五组	田湘宁	4	40	3	15	55	1. 交一份作业得10分；
第六组	支钰雯	4	40	2	10	50	2. 获一份优秀得5分；
第七组	王子俊	4	40	0	0	40	3. 核分即为该小组最后得分
第八组	张璐瑶	4	40	2	10	50	
第九组	齐芮莹	4	40	2	10	50	备注(二)
第十组	邱奥童	2	20	1	5	25	两个5人小组成绩以4核算
第十一组	马佳冉	1	10	1	5	15	
第十二组	孙艺纳	4	40	2	10	50	
第十三组	赵小颖	4	40	2	10	50	
第十四组	黄炫然	3	30	1	5	35	
小计		46	460	25	125		
得分率		79.3%		43.1%			

表3 统编语文八下第四单元"活动·探究"评价撰写演讲词质量数据表

	组长	作业数量	得分	评优数量	得分	核分	备注
第一组	张炜琦	3	30	2	10	40	
第二组	何浩然	4	40	3	15	55	
第三组	牛坤杰	2	20	2	10	30	备注(一)得分标准：
第四组	王佳梦	4	40	3	15	55	1. 交一份作业得10分；
第五组	田湘宁	4	40	4	20	60	2. 获一份优秀得5分；
第六组	支钰雯	2	20	2	10	50	3. 核分即为该小组最后得分
第七组	王子俊	4	40	3	15	55	
第八组	张璐瑶	3	30	3	15	45	备注(二)
第九组	齐芮莹	4	40	4	20	60	两个5人小组成绩以4核算。小计一栏中"+1"即为其中的1个5人小组交作业人数为5，评优人数也为5。
第十组	邱奥童	4	40	4	20	60	
第十一组	马佳冉	4	40	3	15	55	
第十二组	孙艺纳	4	40	3	15	55	
第十三组	赵小颖	4	40	3	15	55	
第十四组	黄炫然	3	30	2	10	40	
小计		49+1	490	41+1	205		
得分率		86.2%		72.4%			

表 4　统编语文八下第四单元"活动·探究"评价演讲竞赛评分表

参赛选手序号（　）

评分项目	评分要点	标准分	得分
演讲内容	1. 思想内容能紧紧围绕主题，观点正确、鲜明，思想积极向上，富有真情实感。 2. 讲稿结构严谨，构思巧妙，引人入胜。 3. 文字简练流畅，具有较强的思想性。	3	
语言表达	1. 演讲者脱稿演讲，语言规范，吐字清晰，声音洪亮圆润。 2. 演讲表达准确、流畅、自然。 3. 语言技巧处理得当，语速恰当，语气、语调、音量、节奏张弛，符合思想感情的起伏变化，能熟练表达所演讲的内容。	3	
形象风度	1. 演讲者衣着得体，举止自然大方，富有艺术感染力。 2. 精神饱满，能较好地运用姿态、动作、手势、表情，表达对演讲稿的理解。	2	
综合印象	1. 演讲具有较强的感染力、吸引力和号召力，能较好地与听众感情融合在一起，营造良好的演讲效果。 2. 准确掌握演讲时间，控制在 3 分钟内。	2	
演讲得分	选手组别：　　　选手姓名：	总分：	

表 5　统编语文八下第四单元"活动·探究"评价演讲竞赛得分数据表

	组长	选手	追金选手	题目	得分	名次	奖次
第一组	张炜琦						金奖 （2）
第二组	何浩然						
第三组	牛坤杰						银奖 （5）
第四组	王佳梦						
第五组	田湘宁						
第六组	支钰雯						
第七组	王子俊						
第八组	张璐瑶						
第九组	齐芮莹						
第十组	邸奥童						铜奖 （7）
第十一组	马佳冉						
第十二组	孙艺纳						
第十三组	赵小颖						
第十四组	黄炫然						

表6　统编语文八下第四单元"活动·探究"评价质量数据总表

	组长	任务一		任务二	任务三	总分	排名	优胜小组
		预习学习	单元整体探究学习					
第一组	张炜琦	30	50	40				备注：奖励前三名
第二组	何浩然	55	55	55				
第三组	牛坤杰	25	30	30				
第四组	王佳梦	30	30	55				
第五组	田湘宁	50	55	60				
第六组	支钰雯	30	50	50				
第七组	王子俊	35	40	55				
第八组	张璐瑶	40	50	45				
第九组	齐芮莹	40	50	60				
第十组	邱奥童	30	25	60				
第十一组	马佳冉	30	15	55				
第十二组	孙艺纳	50	50	55				
第十三组	赵小颖	50	50	55				
第十四组	黄炫然	25	35	40				

表7　统编语文八下第四单元"活动·探究"评价任务完成度数据变化比较表

	预习学习	单元整体探究学习	撰写演讲词
完成率	70.7%	79.3%	86.2%
优秀率	37.9%	43.1%	72.4%

第十三讲 赏析式群文阅读
——以《信客》《哦，冬夜的灯光》《旅伴》群文阅读为例

审美赏析式群文阅读中的文本分量是平等的，没有主次。在审美赏析式群文阅读中，比较的阅读方法最重要。

事情还得从一次读书月活动谈起。几位家长朋友喜欢余秋雨的文字，希望我们激励孩子们也读一读。我很痛快地答应了。原因简单，我很爱余秋雨老师的那些文字。余秋雨老师的文化散文曾在一段时间里占据了我所有的阅读时光。在2013年的教师节，我收到了一份礼物——《北大授课：中华文化四十七讲》。赠给我礼物的孩子叫刘桐，总是一脸阳光的笑。他说他知道老师喜欢余秋雨，就在书店淘了一本余秋雨来。

礼物是收下啦，但在当时真有"瓜田李下"的感觉。孩童有孩童的视觉，他认为他要给老师喜欢的礼物。但老师的初衷是希望带领孩子们从好奇逐渐走向和自己相同的喜好。结果是，我在《北大授课：中华文化四十七讲》接受了中华千年文化的熏染，仿似在北大迷幻的学术象牙塔里流连了一番。读这本书，真是温暖诸多。

在闲说完我沉迷余秋雨老师的文字后，我们再说上这节课的机缘。答应是很痛快，接下来的是挠头啊。怎么开启这个活动呢？正好市教科所杨葛莉老师来电话，嘱托我做一个群文阅读的课例。两天之后，我做出一个决定：

就用余秋雨老师的文章做这次群文阅读。做这个决定，心情很激动，我是准备修一事得两好啦。一番准备后，确定了选文。选文有三个，分别是《信客》《哦，冬夜的灯光》《旅伴》。从选文看，目的很明确，在中与外、雅与俗的对比中，增强读余秋雨文化散文的兴趣。当然，选择《信客》的另一个理由是这篇文章当时恰被编排在初中语文教材中。主题也已确定好，概括为八个关键字：真诚做事、挚爱暖人。在确定好学习内容后，就确定了学习目标和学习方法：

通过比较阅读，分析学习群文（一组不同文本）在表达技巧（语言、表现人物性格方法和写作手法等）及主题、情感的异同，培养比较阅读文本的能力。

修一事得两好的目标实现了。后来还真有一些孩儿捧起了余秋雨老师的文化散文，甚幸！而至于怎样做群文阅读，我却有了更多的思考。到现在，应该给这次阅读课一个较准确的定位了，应是赏析式群文阅读。

近来读潘新和老师的《语文教师素养随想》，有下面这样一段话：

教育部课改专家组组长钟启泉说："教师即课程，教师即学校文化。"他认为，理念要转化为现实，真正操作者是教师，教师是课程实施的主体……从这点上说，教师本身就是一部活教材，就是学生的课程。

这次莽莽撞撞的修一事得两好之举还真验证着专家的灼见。

在这里也冒昧地谈一谈对实践赏析式群文阅读的点滴认识。

1. 任务驱动与阅读主题的自主灵活

就群文阅读三大课型（知能生成课、审美赏析课和读写共生课）而言，审美赏析课自由度最高。自由度最高是因为审美赏析式群文阅读有很强的任务驱动性，一旦确定主题，就根据需要做安排，根据需要做设计。这就是上面说的"教师即课程"。

2. 阅读主题与课堂生成的违和相失

审美赏析式群文阅读自由度高，课堂的驾驭难度也高。教师一定要做好导读的工作，不能像学习一篇小文那样，散散慢慢地推进，反正时间有的是，孙猴子跳不出如来佛的手心，是绕不掉的。但赏析式群文阅读不一样，阅读量大，欣赏的点也有可能多，如果"懒散读"，随便生发，很容易搞得江河漫流，不知所归。只有目标明确，指向鲜明，学生的学方能有的放矢，方能避免"阅读主题与课堂生成违和相失"的尴尬。

3. 选文路径与阅读方法休戚相关

群文阅读有三条选文路径：教材内选文、教材内外选文、教材外选文。审美赏析式群文阅读选文路径比较灵活，但倾向性较大的是教材外选文。主要考虑审美赏析式群文阅读任务驱动性强，要尽量避开课内选文，要避免对课内选文产生的解读偏差。这样看来，审美赏析式群文阅读不是单元整合，不是单元内一篇带多篇，不是以教材内一篇带教材外多篇。审美赏析式群文阅读中的文本分量是平等的，没有主次。在审美赏析式群文阅读中，比较的阅读方法最重要。

教学设计样例：审美赏析式群文阅读教学设计

真诚做事 挚爱暖人
——《信客》《哦，冬夜的灯光》《旅伴》群文阅读

【教学目标及教学重点难点】

通过比较阅读，分析学习群文（一组不同文本）在表达技巧（语言、表现人物性格方法和写作手法等）及主题、情感的异同，培养比较阅读文本的能力。

【教学方法】

单元整体教学

【教学流程】

一、初读课文说收获

1. 课前布置阅读《信客》《哦，冬夜的灯光》《旅伴》三篇文章，要求写一段 100～200 字左右的读书感受（可以是单就一篇的，最好是综合三篇的）。

2. 以小组为单位交流欣赏学习成果，并推选代表展示。

二、再读课文谈偏爱

教师积极鼓励学生，学生所谈偏爱越充分，就越会把对文章的理解推向纵深处。而且学生的偏爱往往集中在对内容的理解上，内容理解越充分，后面的赏析越从容。

三、比较阅读品异同

明确学习方向，教师展示学习目标：

通过比较阅读，分析学习三篇文章在表达技巧（语言、表现人物性格方法和写作手法等）及主题、表达情感的异同。

资料提示：

注 1. 初中语文常用写作方法

对比、衬托、联想、想象、象征、动静结合、托物言志、欲扬先抑、夹叙夹议、以小见大、咏物抒情、借景抒情等。

注 2. 出示阅读成果填写卡

类别	项目	《信客》	《哦，冬夜的灯光》	《旅伴》
不同	故事			
	人物身份及性格			
	写法特点			
相同	主题、情感：			

小组合作探究，交流补充，以小组为单位进行班级展示。

附阅读成果卡：

类别	项目	《信客》	《哦，冬夜的灯光》	《旅伴》
不同	故事	写了两代信客的命运，着重刻画了一个受人敬重的信客形象。	我凭着百姓家的灯光找到了求医的人家，治好病后，人们又用灯光为我送行。	返乡知青同乡暗中无私帮助我。
	人物身份及性格	信客：任劳任怨、恪尽职守、诚信无私、待人宽厚	医生：恪尽职守 老乡：相互关怀、相互扶持	返乡知青：热心助人
	写法特点	语言质朴而典雅	对比： 1. 小镇的荒凉与小镇上的人们的热情对比。 2. 环境的冷与人情的热对比。	对比手法、欲扬先抑
相同	主题、情感：真诚做事，挚爱暖人。			

四、推介阅读

1. 推介阅读作品组一：余秋雨教授作品

《文化苦旅》《千年一叹》《行者无疆》《中华文脉》等。

2. 推介阅读作品组二

（1）《小巷深处》（林莉）

（2）《外婆的手纹》（李汉荣）

（3）《邮差先生》（芦焚）

（4）《父子情》（舒乙）

（5）《快手刘》（冯骥才）

（6）《林奶奶》（杨绛）

（7）《盲人看》（毕淑敏）

五、结语

天不分南北，地不分东西，人不分彼此，世界有爱，我们是相亲相爱的一家人！朋友们，老师们，同学们，让我们真诚地祈愿，在我们享受这个美丽世界给予我们的爱时,也慷慨无私地奉献一份爱吧,让身边的世界多一分温暖,多一份色彩。

群文阅读材料

信　客

余秋雨

一

我家邻村,有一个信客,年纪不小了,已经长途跋涉二三十年。

他读过私塾,年长后外出闯码头,碰了几次壁,穷愁潦倒,无以为生,回来做了信客。他做信客还有一段来由。

本来村里还有一个老信客。一次,村里一户人家的姑娘要出嫁,姑娘的父亲在上海谋生,托老信客带来两匹红绸。老信客正好要给远亲送一份礼,就裁下窄窄的一条红绸捆扎礼品,图个好看。没想到上海那位又托另一个人给家里带来口信,说收到红绸后看看两头有没有画着小圆圈,以防信客做手脚。这一下老信客就栽了跟头,四乡立即传开他的丑闻,以前叫他带过东西的各家都在回忆疑点,好像他家的一切都来自克扣。但他的家,破烂灰黯,值钱的东西一无所有。

老信客声辩不清,满脸凄伤,拿起那把剪红绸的剪刀直扎自己的手。第二天,他掂着那只伤痕累累的手找到了同村刚从上海落魄回来的年轻人,进门便说:"我名誉糟蹋了,可这乡间不能没有信客。"

整整两天,老信客细声慢气地告诉他附近四乡有哪些人在外面,乡下各家的门怎么找,城里各人的谋生处该怎么走。说到城里几条路线时十分艰难,不断在纸上画出图样。这位年轻人连外出谋生的人也大半不认识,老信客说了又说,比了又比,连他们各人的脾气习惯也作了介绍。

把这一切都说完了,老信客又告诉他沿途可住哪几家小旅馆,旅馆里哪个茶房可以信托。还有各处吃食，哪一个摊子的大饼最厚实，哪一家小店可以光买米饭不买菜。

从头至尾，年轻人都没有答应过接班。可是听老人讲了这么多，讲得这么细，他也不再回绝。老人最后的嘱咐是扬了扬这只扎伤了的手，说"信客信客就在一个信字，千万别学我"。

年轻人想到老人今后的生活，说自己赚了钱要接济他。老人说："不。我去看坟场，能糊口。我臭了，你挨着我也会把你惹臭。"

老信客本来就单人一身，从此再也没有回村。

年轻信客上路后，一路上都遇到对老信客的询问。大半辈子的风尘苦旅，整整一条路都认识他。流落在外的游子，年年月月都等着他的脚步声。现在，他正躲在山间坟场边的破草房里，夜夜失眠，在黑暗中睁着眼，迷迷乱乱地回想着一个个码头，一条条船只，一个个面影。

刮风下雨时，他会起身，手扶门框站一会，暗暗嘱咐年轻的信客一路小心。

二

年轻的信客也渐渐变老。他老犯胃病和风湿病，一犯就想到老信客，老人什么都说了，怎么没提起这两宗病？顺便，关照家人抽空带点吃食到坟场去。他自己也去过几次，老人逼着他讲各个码头的变化和新闻。历来是坏事多于好事，他们便一起感叹唏嘘。他们的谈话，若能记录下来，一定是历史学家极感兴趣的中国近代城乡的变迁史料，可惜这儿是山间，就他们两人，刚刚说出就立即飘散，茅屋外只有劲厉的山风。

信客不能常去看老人。他实在太忙，路上花费的时间太多，一回家就忙着发散信、物，还要接收下次带出的东西。这一切都要他亲自在场，亲手查点，一去看老人，会叫别人苦等。

只要信客一回村，他家里总是人头济济。多数都不是来收发信、物的，只是来看个热闹，看看各家的出门人出息如何，带来了什么稀罕物品。农民的眼光里，有羡慕，有嫉妒；比较得多了，也有轻蔑，有嘲笑。这些眼神，是中国农村对自己的冒险家们的打分。这些眼神，是千年故土对城市的探询。

终于有妇女来给信客说悄悄话："关照他，往后带东西几次并一次，不要鸡零狗碎的。""你给他说说，那些货色不能在上海存存？我一个女人家，来强盗来贼怎么办……"信客沉稳地点点头，他看得太多，对这一切全能理解。都市里的升沉荣辱，震颤着长期迟钝的农村神经系统，他是最敏感的神经末梢。

闯荡都市的某个谋生者突然得了一场急病死了，这样的事在那样的年月经常发生。信客在都市同乡那里听到这个消息，就会匆匆赶去，代表家属乡亲料理后事、收拾遗物。回到乡间，他就夹上一把黑伞，伞柄朝前，朝死者家里走去。乡间报死讯的人都以倒夹黑伞为标记，乡人一看就知道，又有一个人客死他乡。来到死者家里，信客满脸戚容，用一路上想了很久的委婉语气把噩耗通报。可怜的家属会号啕大哭，会猝然昏厥，他都不能离开，帮着安慰张罗。更会有一些农妇听了死讯一时性起，咬牙切齿地憎恨城市，憎恨外出，连带也憎恨信客，把他当做了死神冤鬼，大声呵斥，他也只能低眉顺眼、连声诺诺。

下午，他又要把死者遗物送去，这件事情更有危难。农村妇女会把这堆简陋的遗物当做丈夫生命的代价，几乎没有一个相信只有这一点点。红红的眼圈里射出疑惑的利剑，信客浑身不自在，真像做错了什么事一般。他只好柔声地汇报在上海处置后事的情况，农村妇女完全不知道上海社会，提出的诘问每每使他无从回答。

直到他流了几身汗，赔了许多罪，才满脸晦气地走出死者的家。他能不干这档子事吗？不能。说什么我也是同乡，能不尽一点乡情乡谊？老信客说过，这乡间不能没有信客。做信客的，就得挑着一副生死祸福的重担，来回奔忙。四乡的外出谋生者，都把自己的血汗和眼泪，堆在他的肩上。

三

信客识文断字，还要经常代读、代写书信。没有要紧事带个口信就是了，要写信总是有了不祥的事。妇女们一把眼泪、一把鼻涕在信客家里诉说，信客铺纸磨墨，琢磨着句子。他总是把无穷的幽怨和紧迫的告急调理成文绉绉的语句，郑重地装进信封，然后，把一颗颗破碎和焦灼的心亲自带向远方。

一次，他带着一封满纸幽怨的信走进了都市的一间房子，看见发了财的收信人已与另一个女人同居。他进退两度，犹豫再三，看要不要把那封书信拿出来。发了财的同乡知道他一来就会坏事，故意装做不认识，厉声质问他是什么人。这一下把他惹火了，立即举信大叫："这是你老婆的信！"

信是那位时髦女郎拆看的，看罢便大哭大嚷。那位同乡下不了台，便说他是私闯民宅的小偷，拿出一封假信来只是脱身伎俩。为了平息那个女人的哭闹，同乡狠狠打了他两个耳光，并将他扭送到了巡捕房。

他向警官解释了自己的身份，还拿出其他许多同乡的地址作为证明。传唤来的同乡集资把他保了出来，问他事由，他只说自己一时糊涂，走错了人家。他不想让颠沛在外的同乡蒙受阴影。

这次回到家，他当即到老信客的坟头烧了香，这位老人已死去多年。他跪在坟头请老人原谅：从此不再做信客。他说："这条路越来越凶险，我已经撑持不了。"

他向乡亲们推说自己腿脚有病，不能再出远门。有人在外的家属一时陷入恐慌，四处物色新信客，怎么也找不到。

只有这时，人们才想起他的全部好处，常常给失去了生活来源的他端来几碗食物点心，再请他费心想想通信的办法。

也算这些乡村运气还好，那位在都市里打了信客耳光的同乡突然发了善心。此公后来更发了一笔大财，那位时髦女郎读信后已立即离他而去，他又在其他同乡处得知信客没有说他任何坏话，还听说从此信客已赋闲在家，如此种种，使他深受感动。他回乡来了一次，先到县城邮局塞钱说情，请他们在此乡小南货店里附设一个代办处，并提议由信客承担此事。

办妥了这一切，他回到家里慰问邻里，还亲自到信客家里悄悄道歉，请他接受代办邮政的事务。信客对他非常恭敬，请他不必把过去了的事情记在心上。至于代办邮政，小南货店有人可干，自己身体不济，恕难从命。同乡送给他的钱，他也没拿，只把一些礼物收下。

此后，小南货店门口挂出了一只绿色的邮箱，也办包裹邮寄，这些乡村又与城市接通了血脉。

信客开始以代写书信为生，央他写信的实在不少，他的生活在乡村属于中等。

四

两年后，几家私塾合并成一所小学，采用新式教材。正缺一位地理教师，大家都想到了信客。

信客教地理绘声绘色，效果奇佳。他本来识字不多，但几十年游历各处，又代写了无数封书信，实际文化程度在几位教师中显得拔尖，教起国文来也从容不迫。他眼界开阔，对各种新知识都能容纳。更难能可贵的是，他深察世故人情，很能体谅人，很快成了这所小学的主心骨。不久，他担任了小学校长。

在他当校长期间，这所小学的教学质量，在全县属于上乘。毕业生考上城市中学的比例，也很高。

他死时，前来吊唁的人非常多，有不少还是从外地特地赶来的。根据他的遗愿，他的墓就筑在老信客的墓旁。此时的乡人已大多不知老信客是何人，与这位校长有什么关系。为了看着顺心，也把那个不成样子的坟修了一修。

哦,冬夜的灯光

(英国)莫里斯·吉布森①

我和我的妻子珍妮特抛下我们自己的诊所,离开我们舒适可爱的家,来到8000公里外的加拿大西部,这个名叫奥克托克斯的荒凉小镇。这里十分偏僻,天气很冷;但是我们感觉到:虽然我们生活的地方辽阔无垠,但这里有的是温暖、友谊和乐观。

我记得一个冬日之夜,有个农民打电话来说只有他一个人在家,而婴儿正在发高烧。虽然汽车里有暖气,他还是不敢冒险带婴儿上路。他听说我不管多么晚也肯出诊,因此请我们上门去给他的婴儿治病。

他的农场在15公里外,我要他告诉我去他家的路线。

"这里很容易找到。出镇向西走6公里半,转北走1公里半,转西走3公里,再……"

我给他搞得糊里糊涂,虽然他把到他家的路线又说了一遍,我还是弄不清楚。

"我知道该怎么办了,医生。我会打电话给沿途农家,叫他们开亮电灯,你沿着灯光开车到我这里来,我会把开着车头灯的卡车停在大门口,那样你就找得到了。"他在电话里告诉我这个办法,我觉得不错。

启程前,我出去观察了一下阿尔伯达上空广阔无边的穹隆②。在冬季里,我们随时都要提防③风暴,而山上堆积的乌云,可能就是寒天下雪的征兆。每一年,都有人猝不及防地在车里被冻僵,没有经历过荒原风雪凶猛袭击的人,是不知道它的危险性的。

我开着车上路,车窗外面寒风呼呼地怒吼着。果然,正如那位农民所说的,沿途农家全部把灯打开了。平时,一入夜荒野总是漆黑一片,因为那时候农家夜里用灯是很节约的。一路的灯光引导着我,使我终于找到了那个求医的人家。我急忙给婴儿检查病情。这婴儿烧得很厉害，不过没有生命危险。我给婴儿打了针，再配了一些药，然后向那农人交待怎样护理，怎样给孩子服药。当我收拾药箱的时候，我心里在想，那么复杂的乡村夜路，我怎能认得回去的路呢？

这时候，外面已经下大雪了。那农人对我说，如果回家不方便，可以在他家过一夜。我婉言谢绝了。我还得赶回去，说不定深夜还会有人来求诊。我壮着胆子启动引擎，把汽车徐徐地驶离这户人家的门口，说实话，我的心里充满了恐惧。但是，车子在道路上开了一会儿，我就发觉我的恐惧和忧虑是多余的。沿途农家的灯依然开着，通明闪亮的灯光仿佛在朝我致意，人们用他们的灯光送我回家。我的汽车每驶过一家，灯光随后就熄灭，而前面的灯光还闪亮着，在等待着我……我沿途听到的，只是汽车发动机不断发出的隆隆声，以及风的哀鸣和车轮碾雪的沙沙声。可是我绝不感到孤独，那种感觉就像在黑暗中经过灯塔一样。

这时我开始领悟到了阿瑟·查普曼写下这几句诗时的意境：

那里的握手比较有力，

那里的笑容比较长久，

那就是西部开始的地方。

---

① 〔莫里斯·吉布森〕英国作家。

② 〔穹窿（qióng lóng）〕天空。

③ 〔提（dī）防〕防备。

旅　伴

秦文君①

1976年是我生平最灰暗的一年，在黑龙江百事不顺，度日如年，天天找伤感的音乐听。无奈中，我向家里发了封求援信。母亲心领神会，一个加急电报打过来，让我请到一个月事假。

南归的列车上，坐在我边上的也是一个上海女知青，呼玛插队的，衣着破旧，逢人就像做广告似的说，她们那儿起早贪黑做一天苦力只挣五角钱。她跟我谈了三句话，就开始盘问我的收入。我那时是个从不向外人诉苦的人。而且恨别人同我谈钱，只觉得这个旅伴俗得不可救药，所以便常常独坐看景，彬彬有礼地拒绝与她聊天。然而她也不在乎，见我网兜里有只苹果烂了一角，就讨去吃掉了。

列车到了哈尔滨，才知唐山大地震，南去的列车全线停运，于是，我只能再绕道到大连。在大连轮船售票处排队时，我又见到了她，她依然穿得像个贫下中农，远远的，我们彼此点点头，也许都懒得同话不投机的人厮守在一起。

列车停运后，大连开往上海的客运成了热门行当，排了半天队，才买到三天后的四等舱船票。我知道家里会为我担心，就拟好了电文去排队打电报，轮到我付费了，却发觉钱包被窃。

我真的成了无产者，捏着电报纸发呆。这时，看见那个女知青也来打电报，她问我怎么了，我说遭小偷劫了，然后扔了电报纸就走。我不愿多说，那年我反正是倒运的，碰到这事，好像一点不突然。相反，遇上好事倒会忐忑不安。我盘算着怎么度过这几天，候船室向来是知青的免费宿地，只是没东西吃，网兜里剩三只苹果，还有一包干木耳，再加上水，也许是饿不死的，能撑着回上海，一切都好办。

可是，我第一天就超了计划，把三只苹果全当了主粮，后面的几天怎么过？我感到处在穷途末路②中。正在发愁，她来了，把我的轮船票讨了去，一会儿，跟人把四等舱票换成了五等的，将五等舱票和差额的钱交给我。

我拿着钱直奔食品店，买了店里最大的一种面包。从此，我出远门总是要带充足的食品，而且从不怕累赘③。

我去谢她，很想跟她说些什么？可她笑着把话岔开，只说放心好了，一切都会好的。只是以后该学学她的样，把十元的钱缝在内衣里。

我和她就这么匆匆分手，都没想到要互留地址，或许都想到彼此只是个普通的旅伴，没有续写故事的必要。

船到上海，没料到家人来接船，问他们怎会有这信息，他们说收到电报，是按电报的要求办的。

我想起了扔掉的电报纸，想起我的旅伴说"一切都会好的"时眼里特殊的光彩，便开始在码头找她，可是茫茫人海，哪里有她的踪迹？

旅伴的真情点点滴滴地给了我多年的美好回忆。人的希望就在于人心中有善。

---

① 〔秦文君〕当代儿童文学作家。1954年生，上海人。1981年开始发表作品。1988年加入中国作家协会。中国少年作家班编委，"中国少年作家杯"大赛评委会评委。现为中国作家协会全委会委员，上海少儿出版社、《中国儿童文学》主编。

② 〔穷途末路〕形容到了无路可走的地步。

③ 〔累赘（léi zhuì）〕不必要的、麻烦的事物。

第三编 ▷ 找到撬动自读课文的点

第十四讲　自读课文之主问题突破阅读
——以《一滴水经过丽江》教学设计为例

自读课文选文的指向性大概有两个：其一是自读课文的选文能体现单元重点知识，其二是自读课文的选文在单元组文章中有独到之处。

本讲以《一滴水经过丽江》一课为例，分享通过设置主问题突破阅读自读课文的实践。

我们首先关注教材编写说明，关注教材体系结构的介绍，关于自读课文的特点及功用有如下表述文字。

自读课文的助读系统是本套教材着力创新的内容，由"旁批"和"阅读提示"组成，没有设置练习，目的是加大自主阅读的力度。旁批随文设置，主要是为学生自主阅读时提供思考或点拨重点、疑难、精妙之处。阅读提示配合单元重点或选取文章的独到之处进行指导，既指向学生的自主阅读、独立阅读，同时尽可能向课外阅读和学生的课外语文生活延伸，增加阅读量，培养阅读兴趣。

我们拎出"阅读提示配合单元重点或选取文章的独到之处进行指导"这一句能读出两层意思：

（1）阅读提示的标示作用和标示原则。

（2）自读课文选文的指向性大概有两个。其一是自读课文的选文能体现单元重点知识。其二是自读课文的选文在单元组文章中有独到之处。

由此，我们就能界定自读课文选文的学习方向。要么学习其体现出来的单元重点知识，要么学习其所属的独到之处，要么两者兼顾。现在以《一滴水经过丽江》一课为例进行分享。我们来看《一滴水经过丽江》的位置归属，并据此界定学习的方向。《一滴水经过丽江》位于统编教材八年级下册第五单元。是此单元中的第四篇文章，是标识为"自读"的文章。这一单元的主题是"旅游"。现在我们通过审读单元按语来认知单元学习内容。

古人说，读万卷书，行万里路。旅游其实也是一种"阅读"，是认识世界的另一种方式。本单元所选的课文都是游记，通过记述游览见闻，描摹山水风光，吟咏人文胜迹，抒发作者的情思。阅读这类文章，随着作品去想象和遨游世界，可以让我们丰富见闻，增长知识，开阔眼界。

学习本单元，要了解游记的特点，把握作者的游踪、写景的角度和方法，并揣摩和品味语言，欣赏、积累精彩语句。

第一段文字是说旅游的意义、读游记的意义。第二段文字是说单元学习内容。整体观看本单元《壶口瀑布》《在长江源头各拉丹冬》《登勃朗峰》《一滴水经过丽江》这四篇文章，我们马上就能确定自学该文的知识方向。就写法而言，前三篇文章都是以第一人称来行文，《一滴水经过丽江》虽然也是以第一人称来行文，但其身份是"一滴水"，耳目一新啊！前三篇文章较规范地遵循游记类文章惯常的写法，写在某一地方的所见所感。而《一滴水经过丽江》则不同，那是一次时间与空间的穿越。自读课文选文的独到之处一经找到，我们就围绕它设置阅读的主问题。笔者把主问题设置为：如改写文题为《我游丽江》，游览者为生活中真实的"自己"，文中的游览地点将有哪些难以出现？这是一个铺垫引出式主问题。此问题一出，文章的构思写法之妙便明朗如日。

学理说明：

（1）自读课文，强调自主阅读，但一定要读出点东西。不能浅尝辄止，点点都能说，点点说得浅。一定想办法把该学的学到手。这该学的就是咱们现在所说的主问题。

（2）自主不是自流。溪流漫溢终得归江入河，教师就是疏导者、引领者。教师一定做好自读课文学习"导"的工作，"引"的工作。自主有方向，方能读有所获。

（3）学生的自主探究发现和教师的暗度陈仓的知识引渡并不矛盾。比如这一课的主问题也并不是教师直接设置的。在和学生分享读书体会时，会自然而然地牵出来。重要的是教师要敏锐地抓住它。即使没能自然地牵出来，教师也要机智地引出来。

教学设计样例：《一滴水经过丽江》教学设计

【教学目标】

1. 学习以"物"为叙述角度、按地点的转换（游踪）安排结构的写作手法；

2. 欣赏文章自然洗练的语言；

3. 了解丽江的历史故事，热爱我们源远流长的民族文化；

4. 培养自学的能力。

【教学重点难点】

学习以"物"为叙述角度、按地点的转换（游踪）安排结构的写作手法。

【预习准备】

1. 了解有关丽江的民俗、故事，了解丽江的一些景点；

2. 预习生字词。

【教学流程】

一、激趣导入

观看丽江景色图片。

请学生用简单美丽的词语进行描述，并猜读地名。

二、展示预习成果

1. 小组内交流展示了解到的有关丽江的民俗、故事及丽江的某些景点；

2. 以小组为单位展示生字词预习成果（示例）：

轻盈　　喧哗　　喉咙　　驿道　　草甸　　矗立

目眩神迷　闸口　　犹豫　　徘徊　　蘸　　擦拭

可强调读音：

轻盈（yíng）　　喧哗（xuān）　　喉咙（hóu）　　驿道（yì）

草甸（diàn）　　矗立（chù）　　目眩神迷（xuàn）　　闸口（zhá）

犹豫（yù）　　徘徊（páihuái）　　蘸（zhàn）　　擦拭（shì）

三、一读：速读

题一：谁游丽江？

题二：用图示展示游览的路线过程。

明确一：一滴水。

明确二：玉龙雪山山顶—丽江坝—黑龙潭—玉河—四方街—中河—小桥、敲打着银器的小店、一座院子、字画店—浇花人的大壶—兰花上—浇花壶—金沙江。

四、再读

1. 如改写文题为《我游丽江》，游览者为生活中真实的"自己"，文中的游览地点将有哪些难以出现？

2. 以时间为线把文章截分开，并找出标志性词语。

两个问题的感悟延伸：

1. 以地点变化行文,既写丽江的秀美风光,又写丽江的人文风俗,既赞美自然,又赞美丽江人,情景交融。

2. 以长时间跨度行文,既写丽江的历史,又写丽江变化发展,能全面展示丽江。

五、我也要创造:拟题训练

1. 提示

(1)话题:家乡昌黎或中国

(2)体裁:游记

(3)进行改变人称的创新构思

2. 拟题示例

(1)一朵云深情诉说××(地名)

(2)一粒沙幸福流浪××(地名)

(3)一缕风欢乐长吟

(4)一片叶的幸福遇见

(5)一尾鱼的幸福游历

(6)一只鸟幸福地飞翔中华

第十五讲　自读课文之批注赏析阅读
——以《走一步，再走一步》教学设计为例

自读课文的阅读活动一定要契合单元学习内容。只有把一篇自读课文的归属地认知清晰，只有把一篇自读课文所在单元的学习任务认知清晰，我们才能做到有目的地学习，我们才能做到更有意义地学习。到什么山上唱什么歌，这是至浅至深的道理。

自读课文的阅读活动一定要契合单元学习内容。只有把一篇自读课文的归属地认知清晰，只有把一篇自读课文所在单元的学习任务认知清晰，我们才能做到有目的地学习，我们才能做到更有意义地学习。到什么山上唱什么歌，这是至浅至深的道理。

课文《走一步，再走一步》位于统编教材七年级上册第四单元。

此单元的学习任务是：

本单元继续学习默读。在课本上勾画出关键语句，并在你喜欢的或有疑惑的地方做标注。在整体把握文意的基础上，学会通过划分段落层次、抓关键语句等方法，理清作者思路。

这是单元按语的第二节文字，是对语文要素学习的要求。统编语文教材采用"人文主题"与"语文要素"双线组织单元的结构。我们必须高度认知双线组元的意义。"双线组织单元结构，既强调语文与生活的联系，重视主流文化与传统文化的渗透，促进学生形成正确的价值观、人生观；又保证了语

文综合素养的基本训练，每课一得，使教学有一条大致可以把握的线索，也有层级序列较为清晰的梯度结构，使得知识与能力、过程与方法的培养与训练更为清晰。"这里的阐述清晰明白。自读课文的阅读活动也一定要完成"语文要素"的学习。

结合教材编写说明和单元学习任务单，我们一定要实现自读课文的阅读活动在"人文主题"与"语文要素"两方面的突破。必要时进行倾斜，有所侧重。比如课文《走一步，再走一步》的自读，可在"语文要素"方面有一点侧重。毕竟文章主题是开豁的，孩童能轻易地认知。

另外，单元学习任务的关联性也要求我们有这样的认知。在第三单元的单元提示语中已有这样的表述：

还要学会在阅读中把握基本内容，了解文章大意。标题、开头、结尾及文段中的关键语句，都是阅读时需要重点关注的。

这已经要求认知标注关键句。同样第五单元也有类似的要求。连续几个单元的"语文要素"学习任务的提出，要求我们必须在自读课文的阅读活动中进行实践。

同样在阅读提示中，也有明晰的提示：

本文是作者对自己童年时代一件往事的回忆。文章按照时间顺序，讲述了自己从冒险到遇险，再到脱险的全过程。这个过程，其实也是"我"从胆怯、恐惧到克服心理障碍，收获自信，甚至有了一种成就感的心路历程。默读课文，勾画出文中标志事件发展和描写"我"不同阶段心理活动的语句，试着复述这个故事。

生活中，常常有人遇事因胆怯而畏缩不前，就像文中的"我"那样。你有过类似的经历吗？是怎样克服的？文中爸爸帮"我"脱险的做法对你有什么启发？限于篇幅，课文选入的时候做了删节。不妨课下阅读全文，看看这"悬崖上的一课"对作者的人生有怎样的影响。

细读这段文字，"人文主题"与"语文要素"两个学习任务都有明确的提示。

教学设计样例：《走一步，再走一步》教学设计

【学习目标】

1. 尝试用勾画和文字标注的方法给文章做批注；
2. 体会作者变化的思想感情，感悟文章传达的人生哲理；
3. 培养自学的能力。

【学习方法】

自主·合作·探究学习

【学习过程】

一、默读文章

指示语：请同学们默读课文，就是快速浏览，我们每分钟的阅读字数不少于500字。这篇课文我们要在4分钟内读完。

要求：读完后和同桌分享阅读课文的感受，特别是对故事传达的人生哲理的感悟。

二、赏读文章

1. 细读课文7～15自然段，划出表现"我"不同阶段心理活动的语句，圈出重点词，体会"我"陷入险境时的心情，体会这些词语运用的妙处，在文字对应的书页空白处写出自己的体会。

以小组为单位进行交流赏析。

2. 批注我来做

做3～5个疑问式的批注，自己试着作答，也可以选择自己喜欢的字词句对其进行批注赏析。

以小组为单位进行交流赏析。

第十六讲 自读课文之比较延展阅读

——以《一棵小桃树》教学设计为例

上好比较延展阅读的自读课，上好"一课一得"自读课，一定要紧紧依托单元学习目标。

以"《一滴水经过丽江》教学设计"为例谈自读课文的主问题突破阅读，是指向单元的文体（游记）学习内容的；以"《走一步，再走一步》教学设计"为例谈自读课文的批注赏析阅读，是指向单元的"语文要素"学习任务的。这样，以单元学习任务为标准来确定自读课文学习活动内容的认识就越来越清晰。采用适宜的方法进行自读课文学习的认识也越来越清晰。这一讲我们就说"一课一得"，用比较的眼光，看一看《紫藤萝瀑布》《一棵小桃树》这两篇同是托物言志的文章呈现出的各自的风韵。

上好比较延展阅读的自读课，上好"一课一得"自读课，一定要紧紧依托单元学习目标。

王国维在《人间词话》中说："以我观物，故物皆着我之色彩。"诗文中描写的景物往往浸透着作者的情感，所以我们能够在山川溪泉中听见回荡的心声，在花草树木间发现人生的影子。这个单元的课文或借景抒情，或托物言志，字里行间闪烁着哲理的光彩，带给我们许多启迪。

本单元学习托物言志的手法：体会如何运用生动形象的语言写景状物，

寄寓自己的情思，抒发对社会人生的感悟。建议运用比较的方法阅读，分析作品之间的相同或不同之处，以拓宽视野，加深理解。

本单元按语中明确的"人文主题"学习目标是"字里行间闪烁着哲理的光彩""带给我们"的"许多启迪"，明确的"语文要素"的认知任务是学习托物言志的手法。但明显的是，"语文要素"的认知任务大于"人文主题"的认知任务。

上好比较延展阅读的自读课，上好"一课一得"自读课，还有学情背景。在单元整体学习的背景下，单元中任何一篇文章都不是孤立存在的。笔者做过该单元的整体学习设计。那起始统摄单元的课是被称为"单元主导课"的。这一单元的"单元主导课"叫《拎出一主导，贯通整单元——托物言志是抒怀说理的好方法》。这是把学习托物言志这一"语文要素"定为单元学习的主目标。

细究起来，这一单元的"单元主导课"是有三个方向的。另外两个方向都比这一角度内涵丰富。其一是学习托物言志和借景抒情这两个"语文要素"；另一个是学习托物言志、借景抒情这两个"语文要素"和关于人生思悟的"人文主题"。笔者选择了任务取向单一的一种，这也是由学情决定的。

单元主导课《拎出一主导，贯通整单元——托物言志是抒怀说理的好方法》已为自学《一棵小桃树》作了铺垫，就是那个教学设计的"赏"的部分，前面已经讲过，这里不再赘述。

学习一种事物的多种象征意义及多种事物共同具备的同一种象征意义，是从开阔的视野展现托物言志这一写作手法常用常新的无穷魅力，从全面认知托物言志的角度为自学《一棵小桃树》作了铺垫。

语文要素——托物言志的内涵何其丰富，一课之中我们只有这"一得"就足矣。所以，在纷繁的思绪里完全可摒弃掉自学《一棵小桃树》时其他的任务取向。比如两篇文章的语言可以比较赏析，但忍痛割爱吧，面面俱到是最好也是最不好。又如两篇文章的思路也可以赏析，但这是走窄路，不妨把王冕的《墨梅》拿来，不妨把周敦颐的《爱莲说》拿来，不妨把杨朔的《荔枝蜜》拿来，都是托物言志的名篇，但一篇一个思路，是一目了然的事，如果细做有点瞎费工夫。最不应该做的比较就是关于两位作家的，而我们有时却做得津津乐道。一个作家一个生活，我们就永远比较？"橘生淮南则为橘，橘生淮北则为枳"，我们要看的应该是"橘"和"枳"吧。在这里重提一个认识，做止于文本的写人叙事散文的阅读。无边的解读那是漫溢。为了说明这一看法，有必要再引征一次王荣生教授谈"文学性的散文"的着眼点对散文教学的启示。

（1）散文阅读教学，始终在"这一篇散文里"，要驻足散文里的"个人化的言说对象"；要严防跑到"外在的言说对象"，演变为谈论"外在的言说对象"的活动。

（2）散文阅读教学，要着眼于主体，揣摩作者的情思；要严防滞留在所记叙、描写的客体上，演变为谈论那人、那事、那景、那物的活动。

这两点启示对于学习托物言志的散文尤为重要。

在《拎出一主导，贯通整单元——托物言志是抒怀说理的好方法》一讲中曾经梳理出托物言志写作知识的要点。我们再认识一下。

托物言志写法的特点：

1. 要绘物之形，做到特征突出；
2. 要赞物之品，做到准确明晰；
3. 要言己之志，表达出赞美追求的某种精神、品格、道德、理想等。

比较阅读《紫藤萝瀑布》《一棵小桃树》两文运用托物言志的"一课一得"就从这三个角度展开。

教学设计样例：《一棵小桃树》教学设计

【学习目标】

1. 培养自学的能力；

2. 学习托物言志手法的运用；

3. 体会文章传达的人生感悟。

【学习方法】

自主·合作·探究学习

【学习活动】

阅读文章，填写表格。

	《紫藤萝瀑布》		《一棵小桃树》	
	十多年前	十多年后	过去	如今
景物姿态				
景物品质				
人生感悟				
学习结论				

	《紫藤萝瀑布》		《一棵小桃树》	
	十多年前	十多年后	过去	如今
景物姿态	（1）花朵从来都稀落，东一穗西一串伶仃地挂在树梢。（2）后来索性连那稀零的花串也没有了。	花瀑：（1）一片辉煌的淡紫色，像一条瀑布，从空中垂下，不见其发端，也不见其终极。（2）紫色的大条幅上，泛着点点银光，就像迸溅的水花。花穗：（1）花朵儿一串挨着一串，一朵接着一朵，彼此推着挤着，好不活泼热闹！（2）每一穗花都是上面的盛开、下面的待放。颜色便上浅下深，好像那紫色沉淀下来了，沉淀在最嫩最小的花苞里。花朵：每一朵盛开的花就像是一个小小的张满了的帆，帆下带着尖底的舱。船舱鼓鼓的，又像一个忍俊不禁的笑容，就要绽开似的。	（1）拱出一点嫩绿儿……它长得很委屈，是弯了头，紧抱着身子的。第二天才舒开身来，瘦瘦的，黄黄的，似乎一碰，便立即会断了去。（2）它长得很慢，一个春天，才长上二尺来高，样子也极猥琐。（3）它竟然还在长着，弯弯的身子，努力撑着的枝条，已经有院墙高了。（4）那桃树被猪拱折过一次。	（1）它开了花，虽然长得弱小，骨朵儿也不见繁，一夜之间，花竟全开了呢。（2）开得太白了，太淡了，那瓣片儿单薄得似纸做的，没有肉的感觉，没有粉的感觉，像是患了重病的少女，苍白白的脸，又偏苦涩涩地笑着。（3）我的小桃树在风雨里哆嗦。纤纤的生灵，枝条已经慌乱，桃花一片一片地落了……可怜它年纪太小了，可怜它才开了第一次花儿！（4）雨还在下着，我的小桃树千百次地俯下身去，又千百次地挣扎起来，一树的桃花，一片，一片，湿得深重，像一只天鹅，羽毛渐渐剥脱，变得赤裸的了，黑枯的了。然而，就在那俯地的刹那，我突然看见那树的顶端，高高的一枝儿上，竟还保留着一个欲绽的花苞，嫩黄的，嫩红的，在风中摇着，抖着满身的雨水，几次要掉下来了，但却没有掉下去，像风浪里航道上的指示灯，闪着时隐时现的嫩黄的光，嫩红的光。
景物品质	生命力顽强		生命力顽强	
人生感悟	奋斗不止地追求新生活（花和人都会遇到各种各样的不幸，但是生命的长河是无止境的。）		经历过风雨，感受到梦想的可贵，不要放弃梦想，继续为之奋斗，去创造属于自己的未来。（1）在那儿蓄着我的梦。（2）我的梦是绿色的，将来开了花，我会幸福呢。（3）这花儿莫不就是我当年要做的梦的精灵吗？（4）我亲爱的，你那花是会开得美的，而且会孕出一个桃儿来；我还叫你是我的梦的精灵，对吗？	
学习结论	托物言志的散文，要生动描绘景物，做到特征突出，才能准确明晰地突出景物品质，才能合体达意地抒发出情志。			

第十七讲 自读课文之读写结合阅读
——以《女娲造人》教学设计为例

实际上,我们应该尝试更多的办法,把孩童的目光引向课外的书海深处。

统编教材编写说明这样阐释"三位一体"的阅读教学体系的建设。

重视阅读能力与阅读兴趣的培养,建设"三位一体"的阅读教学体系。

阅读是运用语言文字获取信息、认识世界、发展思维、获得审美体验的重要途径,是语文教学最重要的组成部分。新编教材的阅读教学,以各单元课文学习(分"教读课文"和"自读课文")为主,辅之以"名著导读"和"课外古诗词诵读",共同构建一个从"教读课文"到"自读课文"再到"课外阅读"的"三位一体"的阅读体系,并在这方面凸显特色,以更好地贯彻课程标准提出的"多读书,好读书,读好书,读整本的书"的倡议,并达到课标提出的课内外阅读总量400万字的要求。教读课文,由老师带着学生,运用一定的阅读策略或阅读方案,完成相应的阅读任务,达成相应的阅读目标,目的是学"法"。自读课文,学生运用在教读中获得的阅读经验,自主阅读,进一步强化阅读方法,沉淀为自主阅读的阅读能力。课外自读,强调整本书阅读、古诗词积累、由课内到课外的拓展阅读等,是课堂教学的有机延伸和有效补充。

统编初中语文教材"教读—自读—课外阅读"三位一体的阅读教学体系的构建中,自读课是一个重要的创新点。自读课设计以自读课文为阅读内容,以学生自主阅读为实践，以培养学生的自学能力为目标，实践"教授—迁移—拓展"的学习能力的增长。自读课文是联结课内与课外的重要纽带，是培育学生素养提升的关键环节。自读课文引导学生由教材中的单篇课文走向课外更广阔的阅读天地，增加阅读量，培养阅读兴趣。这也是"三位一体阅读体系"和"将课外阅读纳入语文课程体系"的落实。

统编语文教材七年级上册有六篇自读课文，其中的五篇在课后的阅读提示中有由课内到课外的拓展阅读的提示。

七年级上册自读课文阅读提示中的拓展阅读提示一览

课文	阅读提示中由课内到课外的拓展阅读的提示
《散文诗二首》	课外阅读《泰戈尔诗选》和冰心的《繁星》《春水》，感受他们作品风格的相似之处。
《再塑生命的人》	如果有兴趣，可以课外阅读《假如给我三天光明》一书，感受海伦·凯勒在逆境中奋进的精神和意志。
《走一步，再走一步》	限于篇幅，课文选入的时候做了删节。不妨课下阅读全文，看看这"悬崖上的一课"对作者的人生有怎样的影响。
《动物笑谈》	课文是从《所罗门王的指环》一书中节选的，课下不妨把这本书找来读一读。
《女娲造人》	很多民族都有关于人类起源的神话传说，找来读一读，看看先民们的想象有什么相同和不同之处。

这是教材编写者在阅读提示中对课内自读走向课外自读的明确引领。阅读作品指向明确，阅读目的阐说清晰，这就要求执教者做好引渡。引渡的方法种种，最多的恐怕还是推荐式。实际上，我们应该尝试更多的办法，把孩童的目光引向课外的书海深处。这一次，就不妨试试读写结合的方法。本讲读写结合学习的实践，基于这样几点思考。

（1）这一单元是以"语文要素"——"想象"的写作手法进行组元。自学课文《女娲造人》的学习要落实这一目标，就是要梳理清晰课文中的想象文字。

（2）学以致用，给学生用想象去创造的机会应是一件很有理想色彩的事。用什么去创造？引进。

（3）把学习想象、运用想象、引渡课外阅读联结起来，学习内容就明确了：选用一篇阅读提示中指向的关于人类起源的神话传说进行一次如《女娲造人》这样的改写创造。

关于人类起源的神话传说有非洲神话、印加神话、澳大利亚神话、美洲神话……这些适合课外的粗略阅读。基于文化的视角，我们就再选择一则华夏本土的关于宇宙起源的神话传说《盘古开天地》。

其中的两篇类文可任选一篇。

类文（一）

天地浑沌如鸡子，盘古生在其中。万八千岁，天地开辟，阳清为天，阴浊为地。盘古在其中，一日九变，神于天，圣于地。天日高一丈，地日厚一丈，盘古日长一丈，如此万八千岁。天数极高，地数极深，盘古极长，故天去地九万里。后乃有三皇。

摘自《太平御览》卷二引《三五历纪》

类文（二）

首生盘古，垂死化身：气成风云，声为雷霆，左眼为日，右眼为月，四肢五体为四极五岳，血液为江河，筋脉为地里，肌肉为田土，发髭为星辰，皮毛为草木，齿骨为金石，精髓为珠玉，汗流为雨泽，身之诸虫，因风所感，化为黎甿。

摘自《绎史》卷一引《五运历年纪》

【注释】

① 鸡子：鸡蛋。

② 盘古：又称盘古氏，混沌氏，传说中开天辟地创造人类世界的始祖。

③ 阳清：轻而清的阳气（指蛋清部分）。

④ 阴浊：重而浊的阴气（指蛋黄部分）。

⑤ 神于天，胜于地：神奇超过天，能力超过地。

⑥ 三皇：天皇、地皇、人皇。

⑦ 黎甿：黎民百姓。

教学设计样例：《女娲造人》教学设计（台阶状教案）

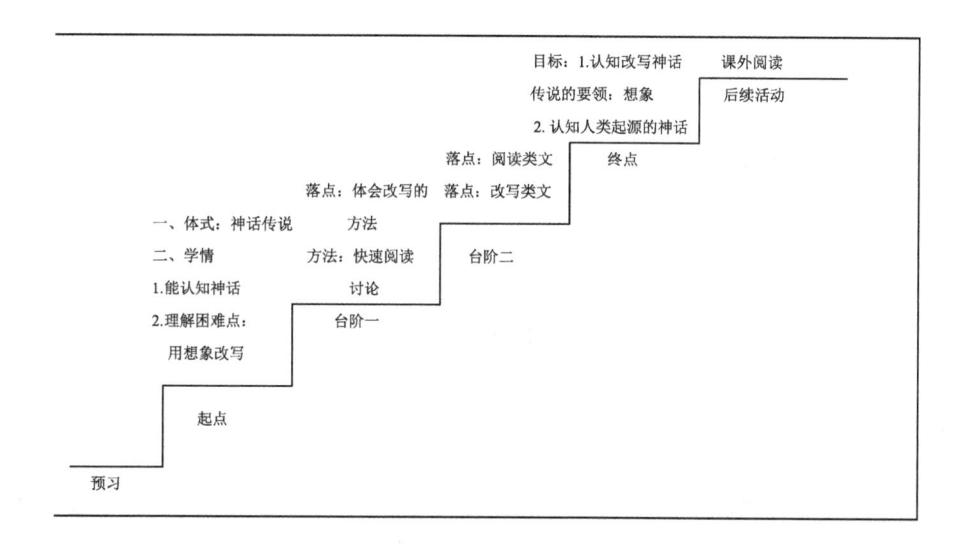

```
                                           目标：1.认知改写神话      课外阅读
                                           传说的要领：想象         后续活动
                                           2. 认知人类起源的神话

                            落点：阅读类文                          终点
              落点：体会改写的    落点：改写类文
一、体式：神话传说    方法
二、学情              方法：快速阅读
1.能认知神话          讨论              台阶二
2.理解困难点：              台阶一
用想象改写

              起点

预习
```

-131-

第十八讲　自读课文之文学沙龙品鉴阅读

——以《昆明的雨》教学设计为例

　　散文的内容是丰富的。如果我们邂逅一篇散文，我们如同流连光影潋滟气爽风清的春园，或驻足流淌淙淙的溪畔，或翘首繁茂的花树，或醉心曼妙的蜂飞蝶舞，或追逐远空那洗练的湛蓝……这园里需要欢愉的言语飞扬，这园里需要流丽的言语赞和。是的，这里最需要流动着欢悦着的人群。散文园子里的气息就应该是这样的。

　　下面这段文字摘自百度百科。

　　沙龙是法语 Salon 一词的译音，原指法国上层人物住宅中的豪华会客厅。从十七世纪，巴黎的名人（多半是名媛贵妇）常把客厅变成著名的社交场所。进出者，每为戏剧家、小说家、诗人、音乐家、画家、评论家、哲学家和政治家等。他们志趣相投，聚会一堂，一边呷着饮料，欣赏典雅的音乐，一边就共同感兴趣的各种问题抱膝长谈，无拘无束。后来，人们便把这种形式的聚会叫作"沙龙"，并风靡于欧美各国文化界，十九世纪是它的鼎盛时期。

　　何为沙龙？

　　正宗的"沙龙"有如下特点：

　　1.定期举行；

　　2.时间为晚上（因为灯光常能造出一种朦胧的、浪漫主义的美感，激起与会者的情趣、谈锋和灵感）；

3. 人数不多，是个小圈子；

4. 自愿结合，三三两两，自由谈论，各抒己见。

沙龙一般都有一个美丽的沙龙女主人。沙龙的话题很广泛，很雅致；常去沙龙的人都是些名流。我们在欧洲电影、小说和戏剧中经常会看见富丽堂皇或典雅精致的沙龙场面。20世纪的二三十年代，中国也曾有过一个著名沙龙，女主人就是今天人们还经常提起的林徽因，可见这种社交方式早就传到了中国。

现在我们说语文课上的文学沙龙。

课型：自读课。

目的：在宽松交流中，收获自读课文的思想感情、知识技能认知。

形式特点：

（1）逢学习文艺性或思想性较强的自读课文时举行；

（2）时间为语文课（不需要在晚上。孩童率真明朗，不需要灯光造出朦胧的、浪漫主义的美感，不需要灯光激起与会者的情趣、谈锋和灵感）；

（其实，我们的文学沙龙也不具备在晚上举办的条件）

（3）人数为班级全体学生，可全体也可自由结组谈论交流；

（4）谈论发言各抒己见，但有话题限制，应是围绕单元学习任务展开的，应是围绕课文学习内容展开的；

（5）尽量推选一个美丽的沙龙女主人。

好了，在这半是正经半是诙谐的介绍中，我们已经认识了课堂上语文学习的沙龙。回过头来再说为何在文艺性或思想性较强的自读课文学习时适宜这种沙龙式的品鉴阅读。

首先，这些文章属于散文的范畴，这些文章色彩明朗，容易激起读者思维的火花。如果说哲学、论辩类文章使人如同在山峰攀登、在河谷穿行，那是需要独自冷静面对的，这里是冷峻的色彩；如果说戏剧、小说类文学使人如同观赏或盛大或凄冷的晚会，那是一次心灵的震撼与洗涤之旅，这里的色彩是郑重的；散文应该是一方调色盘吧，小巧的空间，纷繁的色调，灵活地调配——各种风格的文字传递着种种人生的体验，各种流泻的感情传达着生命的欢歌。读这些文字需要读者畅顺地表达。

其次，散文的内容是丰富的。如果我们邂逅一篇散文，我们如同流连光影潋滟气爽风清的春园，或驻足流淌淙淙的溪畔，或翘首繁茂的花树，或醉心曼妙的蜂飞蝶舞，或追逐远空那洗练的湛蓝……这园里需要欢愉的言语飞扬，这园里需要流丽的言语赞和。是的，这里最需要流动着欢悦着的人群。散文园子里的气息就应该是这样的。

如果让学者说，这就是散文的形散神聚。笔者不喜欢这学者的表达，毕竟灵动的散文一被学术表达就马上冰冷了。

再次，散文风姿绰约，风格各异，让读者一次次地欢愉，一次次地沉醉。那就自由地谈说吧。散文的散和沙龙的自由正好性情相投。

教学设计样例：《昆明的雨》教学设计（台阶状教案）

【教学目标】

1. 感知文章叙写的内容；

2. 学习文章灵活丰富的选材特点；

3. 体会作者对昆明生活的热爱与怀念，感悟作者冲淡平和的生活态度。

学习名言资料：山之精神写不出，以烟霞写之；春之精神写不出，以草树写之。（清·刘熙载）

话题一：
说雨的特点
自读感知　自由交流
1.自主朗读课文
2.边读边做圈点批注
3.交流分享

话题二：
说雨中的人和事
自由阅读　自由交流
1. 自主朗读课文
2. 自主交流
3. 探究写雨中的人和事的作用

话题三：
说语言特点和生活态度
自读体味　自由交流
1.体味语言平淡质朴之美
2.体悟作者冲淡从容的生活态度

话题四：
说作品的整体之美
交流分享　总结归纳
体悟作品呈现出的景物美、滋味美、人情美、氛围美

第四编

▷ 文辞与章法共筑的真情作文

第十九讲　有序列、有突破、有策略
统编初中语文教材作文教学的科学高效实践
——以七上第二单元写作"学会记事"为例

统编教材的写作安排是一个完整的体系，内容丰实，指导性很强。但教学是有情境的，是有学情的，况且文无定法，教师应该做好科学有序的操控和延展突破。

统编初中语文教材作文教程设置呈现出知识系统性、编排科学性、序列学理性的特点。这给作文教学带来科学的指导性，给广大语文教育者带来作文教学支撑，让作文教学更有高效的可能。

一、教材编写有序列

统编初中语文教材作文任务学习有序列。教材呈现的写作知识序列极富学理性。

维度一，与单元学习主题照应，紧密相融，是单元知识的应用实践。

维度二，作文技能学习由浅入深、由简到繁，构成一个循序渐进的学习过程。

维度三，文体序列（包括记叙文、散文、说明文、写景文、应用文、诗歌、议论文、戏剧等）齐全严整。

维度四，知识与表达序列（比如学习缩写、发挥联想和想象、学习语言要连贯等）编排详尽，增强了写作技能的指导性。

现在不妨梳理出写作的任务序列，以上特点将更加显豁。首先呈现教材中的任务次序。

七年级上册：

第一单元 热爱生活、热爱写作

第二单元 学会记事

第三单元 写人抓住特点

第四单元 思路要清晰

第五单元 如何突出中心

第六单元 发挥联想和想象

七年级下册：

第一单元 写出人物的精神

第二单元 学习抒情

第三单元 抓住细节

第四单元 怎样选材

第五单元 文从句顺

第六单元 语言简明

八年级上册：

第一单元 新闻写作

第二单元 学写传记

第三单元 学习描写景物

第四单元 语言要连贯

第五单元 说明事物要抓住特征

第六单元 表达要得体

八年级下册：

第一单元 学习仿写

第二单元 说明的顺序

第三单元 学写读后感

第四单元 撰写演讲稿

第五单元 学写游记

第六单元 学写故事

九年级上册：

第一单元 诗歌创作

第二单元 观点要明确

第三单元 议论要言之有据

第四单元 学习缩写

第五单元 论证要合理

第六单元 学习改写

九年级下册：

第一单元 学习扩写

第二单元 审题立意

第三单元 布局谋篇

第四单元 修改润色

第五单元 对剧本和戏剧表演的认识

第六单元 有创意地表达

下面是梳理后的写作任务序列呈现。

序列一，写人序列

（1）七上第三单元·写人抓住特点

（2）七下第一单元·写出人物的精神

（3）七下第三单元·抓住细节

序列二，记事序列

（1）七上第二单元·学会记事

（2）八下第六单元·学写故事

序列三，文体序列

（1）八上第一单元·新闻写作

（2）八上第二单元·学写传记

（3）八上第三单元·学习描写景物

（4）八上第五单元·说明事物要抓住特征

（5）八下第二单元·说明的顺序

（6）八下第三单元·学写读后感

（7）八下第四单元·撰写演讲稿

（8）八下第五单元·学写游记

（9）九上第一单元·诗歌创作

（10）九上第二单元·观点要明确

（11）九上第三单元·议论要言之有据

（12）九上第五单元·论证要合理

（13）九下第五单元·对剧本和戏剧表演的认识

序列四，表达与技巧序列

（1）七上第四单元·思路要清晰

（2）七上第五单元·如何突出中心

（3）七上第六单元·发挥联想和想象

（4）七下第二单元·学习抒情

（5）七下第四单元·怎样选材

（6）七下第五单元·文从句顺

（7）七下第六单元·语言简明

（8）八上第四单元·语言要连贯

（9）八上第六单元·表达要得体

（10）八下第一单元·学习仿写

（11）九上第四单元·学习缩写

（12）九上第六单元·学习改写

（13）九下第一单元·学习扩写

（14）九下第二单元·审题立意

（15）九下第三单元·布局谋篇

（16）九下第四单元·修改润色

（17）九下第六单元·有创意地表达

二、教师使用教材要有策略，有突破

1. 要做到落实，即完成课后写作实践、完成写作技能目标，做到知行合一

其一，做好片段写作或小活动，为大作文写作做好铺垫。在此基础上按要求完成大作文写作。

例如七上第三单元（写人抓住特点）的写作实践是片段写作。摘录在下面以供参考。

写作实践

一　片段写作。从班上选择你熟悉的一个同学，用200字左右给他"画"一幅肖像。写好后，读给同学们听，看看他们能否猜出你写的是谁。如果被很多同学猜中了，那就说明你写得很棒！

提示：

"画"肖像时，可写人物容貌（如脸型、五官）、衣着、体态、神情等，但不见得写其全貌，抓住其不同于他人的地方落笔，如忧郁的眼神、乐观的笑容等，更能准确描摹。

二 将第一题所写的片段扩展成一篇以写人为主的记叙文。题目自拟。不少于500字。

提示：

1.借鉴其他同学的写作经验，进一步补充完善你的片段文字。注意补充一些能体现这个同学个性的事例，在事中写人。

2.安排好叙事的详略。但详写的事情也不能面面俱到地展开叙述，而应该突出重点，概括叙述与具体叙述相结合。

这个片段写作有明确的任务要求，又在提示文字中给出方法，操作性很强。再看任务二，是任务一"片段写作"的延续。这是典型的在学习中求进步。看提示一"借鉴其他同学的写作经验，进一步补充完善你的片段文字。注意补充一些能体现这个同学个性的事例，在事中写人"这里有三个关键词"借鉴""完善""补充"，进一步指出走向成功的路径。再看提示二"安排好叙事的详略。但详写的事情也不能面面俱到地展开叙述，而应该突出重点，概括叙述与具体叙述相结合"这是对写作提出的新要求，步步推进，一步步接近目标任务。这两个活动相得益彰，充分地准备，有序地推进，最终达成更高的目标，有很强的学理性。

再如七上第五单元（如何突出中心）的写作实践任务一是小活动。我们来欣赏。

写作实践

一 小活动。书包是我们每个人都必备的学习用品，上学和放学的路上，它与我们形影不离。假如要以"书包"为话题写一篇作文，想一想：可以有哪些确立中心的角度？试将你想到的填写在下图中（图略）。

提示：

1.将"我的书包"视作客观事物，着眼于介绍、说明，可以写写书包的功能、外观设计和内部构造等。

2. 如果"我是书包",让我们化身为书包,去听听它的心声:是为主人负担重而鸣不平,还是因主人乱扔乱放而暗自委屈?设身处地,发挥想象,看看你能想到些什么。

3. "我和书包"着眼于书包和主人的关系。你第一个书包是谁送给你的?你和书包之间有着怎样的故事?……都可以作为确立中心的角度。

这个小活动是进行"选择中心的角度"的训练。方法灵活,任务清晰。再有原文中还配有一个供填写思考结果的三角阵型图,直观方便,能很好地外显思维。如何突出中心是本单元写作的任务,这前面的小活动是知识的认知学习,是活动的开启,已为后面的大作文写作练就"屠龙之术"。

其二,切实完成写作技能目标,落实写作任务。

我们以八上第三单元为例进行说明。八上第三单元的写作任务是学习描写景物。写作实践命题有两个,一个是命题作文《窗外》,一个是半命题作文《我爱___季》。对于第二个命题《我爱___季》而言,学生自然是能写出景物的。但对于第一个命题《窗外》而言,一定多提醒学生,不仅要想到写窗外之事,更要时刻想着写窗外之景是重点。这样的提醒十分必要,孩子们真是"提笔忘事"的。同时,提醒学生关注学习实践前面资料中提示的写景方法及注意事项,做到学有所用,正确运用,切实完成写作技能目标。

其三,结合实践性较强的写作任务,要切实做到以活动促进写作。

例如八上第一单元的写作任务是新闻写作。这需要切切实实地安排采访。采访实现全员化最好,这就要抓住活动的机遇。比如采访七年级新生开学或军训。笔者和他的团队就曾带领全体学生走进训练场采访七年级军训新生及教官、领导、领队教师。当时的场面真是壮观,八年级近八百人的记者团采访参加军训的八百多人的师生与官兵,真是别开生面,甚至是震撼。如果没有这样的活动机遇,为实现采访目的,就得安排模拟采访或社会实践形式的采访,其整体效果都不如集体采访效果好。

其四，教师用下水文引领学生创作。

教师下水创作一直是树立榜样、激励创作的好办法。我们在教学中应积极尝试。比如九上第一单元的写作任务是诗歌创作，爱好诗歌的教师就可以下水创作。榜样的力量是无穷的，效果真的很好。

2. 要进行科学合理的整合

这里需要树立几个意识。

其一，融通多个学习任务，科学有序推进，把几个知识系统兼顾。

比如七年级上册第五单元、七年级下册第二单元、七年级下册第四单元，这三次的写作技能认知目标分别是如何突出中心、学习抒情、怎样选材。这就是一个知识技能序列，做好选材，做好抒情，就能做到突出中心。如果再补充学习如何议论，如何安排详略写，这个知识序列就相对更完备些。

其二，把一个长远任务贯通。

比如九年级下册第二单元、九年级下册第三单元、九年级下册第四单元、九年级下册第六单元这四个单元的写作技能学习目标分别是审题立意、布局谋篇、修改润色、有创意地表达。这是一个任务组，这是写一篇文章的工作程序。教师要把这几个关联的任务在各个落实后再有机统一起来，做成一个长期任务目标。

其三，将名著阅读、单元现代文阅读、写作实践有机结合。

3. 做好科学有序的延展突破

统编教材的写作安排是一个完整的体系，内容丰实，指导性很强。但教学是有情境的，是有学情的，况且文无定法，教师应该做好科学有序的操控和延展突破。这里重点谈延展突破。延展突破应包括知识技能和学习手段两方面。现在以七上第二单元写作实践为例。七上第二单元的写作任务是学会记事。教材里传达出四个策略。"写清楚是记事的基本要求，一般要写出事情的起因、经过和结果"，这是讲学会讲完整的故事。"事情的经过是记叙的主要内容,要重点写,写详细些",这是讲学会讲详略得当的故事。"很多时候,记事也是为了传达情感,分享体验,因此,还要学会写得有感情",这是讲学会讲有意义的故事。"此外,还要注意锤炼语言,学习使用一些能够贴切表达情感的词语或句子,抓住一些感人的细节",这是讲学会讲生动的故事。

实践的经验是,写作技能知识在教材呈现的基础上要更细化,同时还要积极调动合理的学习手段。

七上第二单元写作实践"学会记事"写作技能知识细化内容如下。

(1) 学会讲完整的故事

一般要写出故事的起因、经过和结果。

(2) 学会讲详略得当的故事

详写知识要点:

能表现故事主题的情节要详写;

能突出故事主题的人物要详写;

能突出人物形象的情节要详写。

(3) 学会讲有意义的故事

要选择能突出文章主题的材料;

要学会议论、抒情,挖掘出文章的主题。

(4) 学会讲生动的故事

要巧于制造波澜;

要善于调动各种描写人物的方法;

要善于调动各种修辞格;

要灵活运用景物描写。

以上是学会记事写作技能知识攻略。下面说学习手段的操控。要学习的技能知识点是学会讲详略得当的故事和学会讲有意义的故事。学习写详略得当的故事时利用例文《变化》,用做批注的方法认知写故事做到详略得当。

学习写评析

阅读《变化》这篇作文,看看在选材上有哪些不足,该如何修改。

正文	评析
在初中的两年学习生活里,我们的班主任既是严师又是慈母。她为了把我们从不懂事的顽童,教育成有道德、有文化的一代新人。曾不知付出了多少的心血,当我们犯了错误的时候。她耐心细致地做思想工作,从不大呼小叫,当有同学生了病的时候,她就像慈母一样去爱护、照管他。<u>留给我印象最深的,还是初一时的一件事情</u>(过渡句引出下文)	开头写了老师对学生的关心爱护,但开篇没点明题意。
那时我刚刚迈进中学的大门,对一切的一切都感到那么的新鲜有趣,和我一起升进来的,还有小学同学小东。他个子不高,胖胖的,圆圆的脸上有一双明亮的大眼睛,看上去的确挺招人喜爱。但是他又是出了名的淘气包。在小学的时候,他是让老师最头痛的一个学生。上树掏鸟蛋,偷摘李爷爷种的荔枝,拿"吊死鬼"吓唬女同学,全校的师生,哪个不知,哪个不晓。进入中学之后小东也经常违反学校的规章制度,被送到德育处教育并记了	写了一个中学生小东,在学雷锋活动中进步了。以自己的实际行动,博得了老师的微笑。这里有行动描写,有心理描写,给读者留下了深刻的印象。

过。班主任对他的历史也有所了解，所以并不感到惊奇。事后找过小东，认真地进行教育。小东呢？一面点头应着不再犯错误，<u>一面心里想，我才不听你的呢！</u>过了好几天，他照旧恶习难改，在班里称王称霸，同学们怕他，老师对他也非常生气，从没给他笑脸。不过在一次学雷锋活动中，全班的同学听了雷锋精神的报告后，都立志要向雷叔叔学习，做雷锋式的好少年。小东也有了很大的进步。

  同学们有的课后帮助军烈属王奶奶打扫卫生。有的义务为邻居们送信、送报纸。在这轰轰烈烈的学雷锋的热潮中，小东也破天荒地做了一件好事。有一天下大雨了，他放学往家走的路上看见一个迷了路的小女孩，他就挨家挨户地查问，终于把小女孩送回了家。不久，这件事就传到了学校。老师、同学都为他有进步感到高兴。老师在班会课上微笑着对他说："希望小东为别人做更多的事。"小东第一次看见老师对自己微笑，这微笑对他来说是多么的来之不易啊！这不仅仅是微笑，还包含着鼓励。

旁注：

在叙述上，前重后轻，对小东淘气，危害别人、破坏纪律写得太过详细具体。

写到小东的进步却寥寥几句，写小东"破天荒"地做了一件好事，老师也"破天荒"地冲他笑了。

在写作中，没有抓住重点来写，详略不当，造成文章中心不突出。

学习写有意义的故事,利用例文《童年傻事伴我成长》,用补关键句的方法完成文章主题的挖掘。从而认知通过恰当得体的议论能让所写故事彰显出文章所要表达的主题,做到叙事有意义。

童年傻事伴我成长

童年总会给我们一些七彩的记忆,就连那件"傻"事,也深深地印在我的脑海中,伴我走过了一个个阳光灿烂的日子。

那是一个闷热的下午,家里显得很安静:爸爸外出办事去了,妈妈在阳台上看书,窗外也没有小朋友的身影。我只好寂寞地在房间里转来转去,这真是一个无聊的下午啊!突然,我的眼前一亮,只见床上多了一张新凉席,好漂亮啊!它由一块块四四方方的竹片组成,好多的竹片哦!我的眼睛骨碌一转,咦,用这些竹片搭积木该多好玩呀,就让我来个"魔术"吧!说干就干!我连忙找来一把小剪刀,从凉席的一边开始下手。只听到"咔嚓"一声,第一块"积木"到手啦!我不禁兴奋起来,两块、三块……剪到第十块时手已经有些发麻了。好啦,现在的我成了小小设计师,拿起竹片,搭一座小房子吧。哈哈,里面能住爸爸、妈妈和我呢。这时,我仿佛已经看到了爸爸妈妈满意的笑容,于是更起劲儿地拼着,一张小桌子,一把小椅子,一个百宝箱……真好玩儿!

玩够了,我拿起一块块竹片,准备照原样拼上去,可是,左拼右拼,随便一动它就掉下来了。我急了,这才意识到自己闯祸了。怎么办呢?怎么办呢?我犹豫了半天,还是去告诉妈妈吧!

我战战兢兢地打开门,慢腾腾地走到妈妈身边,然后怯怯地领着妈妈来到"事故现场"。妈妈看着新买的高档凉席变成这副"惨状",不免有些吃惊,但看到我害怕的样子,就摸着我的头亲切地问:"你为什么要剪这些竹片呢?""我……我用它们拼积木玩儿呢!""哦,原来是这样!"妈妈笑了,"你的小脑袋瓜儿怎么会有这些稀奇古怪的想法呢?不过没关系,等爸爸回来再修吧，只是以后不能随便破坏家里的东西了。"

终于，爸爸回来了，他找来尼龙绳，细心地摆弄，把我剪下来的竹片一个个慢慢地穿进去……花了一个晚上才勉强连上，但"伤痕"依旧。我看到爸爸这么费劲儿地摆弄，我似乎突然明白了什么……

这件事过后，爸爸妈妈明白了我好玩儿的天性，为了培养我的好奇心，他们省吃俭用地给我添置了许多新玩具。我在玩耍中体会到了快乐，也变得更加心灵手巧。后来上小学了，我还在各种各样的"动手比赛"或"智力竞赛"中赢得了一个又一个第一，爸爸妈妈笑得合不拢嘴。

虽然，岁月的风尘带走了我快乐的童年，不过，这件"傻"事使我明白了：无论什么东西，一旦破坏了，再修复就很难了。就像这张凉席，破坏它只用了几分钟，修复它却用了几个小时，而且也无法复原。所以，我要学会珍惜，珍惜心底的那份纯真与美好，珍惜世界上一切美好的事物。

展示关键主题句：

关键句一，无论什么东西，一旦破坏了，再修复就很难了。

关键句二，所以，我要学会珍惜，珍惜心底的那份纯真与美好，珍惜世界上一切美好的事物。

明确：调动议论的表达方式是揭示文章主题、让故事有意义的好方法。

第二十讲　指代性命题作文写作

所谓指代性命题作文，是指非明确性的命题作文题目。命题中含有代词或具有比喻义、隐含义的词语。这类命题具有多重指代意义，需多重审读。

所谓指代性命题作文，是指非明确性的命题作文题目。命题中含有代词或具有比喻义、隐含义的词语。这类命题具有多重指代意义，需多重审读。如《生活充满阳光》《翻过那座山》《心中的风景》《墙的故事》《门其实开着》《这也是爱》《成长的路上你牵着我的手》《我和你》等。

这里我们锁定的学习目标是命题中含有代词的写作，比如上述例子中《成长的路上你牵着我的手》《我和你》《这也是爱》等。命题中含有具有比喻义、隐含义词语的写作，留待后一讲学习。

写好这类命题作文的重点是突破审题。

第一步，准确找出所含代词。

例如《成长的路上你牵着我的手》中含有人称代词"你""我"。例如《这也是课堂》中含有指示代词"这"。

第二步，调动思维，充分展开命题所含代词的丰富内涵。

展开时要遵循分类的依据，确保在捕捉材料时能做到条理清晰，角度全面。为后面的选材立意做好铺垫。

作文命题中代词内涵可遵循的分类依据：

（1）指代某一人物；

（2）指代某一事件；

（3）指代某一事物；

（4）指代某一时间；

（5）指代某一地点；

（6）指代某一情感；

（7）指代某一精神品质。

在此步骤中已能确定哪些角度的内涵能进入命题。例如命题《谢谢你》，从角度一、角度三、角度六、角度七等四个角度阐释内涵可行性较大。也就是说命题中的"你"可以指代某一人物、某一事物、某一情感、某一精神品质。这一人物可能是邻居，可能是朋友；这一事物可能是一株白杨树，可能是一盆仙人掌；这一感情可能是祖母的牵挂，可能是小姨的鼓励；这一精神品质可能是宽容，可能是坚持。而其他三个角度可行性不大。

第三步，确定写作方向。

广阔的选材空间给写作已提供了成功的保障。下面就是在这些里选其他人不是都能想到的，不是都能经历的。选材立意后，就是谋篇布局、妙笔生花。

教学设计样例：指代性命题作文写作导引

【教学目标】

1. 理解认知指代性命题作文的特点；

2. 学习指代性命题作文的审题方法；

3. 学习指代性命题作文写作的构思。

【教学与学习方法】

自主・合作・探究法、联想想象法、点拨指导法

【学习流程】

一、联想想象，激趣导入

屏幕展示：请同学利用句式"＿＿＿＿＿＿是一首诗"造句。

请同学讨论交流，并展示成果。

教师在黑板上书写学生所填写词语（教师根据学生的回答按不同角度进行板书，为后面教学与学习作铺垫），并给以充分肯定。

师：看似一次平常的造句，同学们却完成了一次意想不到的任务，真是具有暗度陈仓之妙。

板书结论一：驱遣联想想象，搜罗万千材料。

二、揭示题目，归类材料

屏幕展示：岁月如画，生活如诗。在我们人生的道路上，有许多感人至深的诗篇，请撷取你感受最深的一节——请以《那是一首诗》为题作文。

作文要求：

（1）文体不限（诗歌除外），不少于600字。

（2）要写出真情实感。

（3）文中不得出现真实的人名、校名。

请同学朗读。

请同学谈认识。

（根据答题情况教师要做适当的评价或引导，如回答不理想，教师要诱发：其实，我们的造句是完成了这个命题作文的立意。）

师：在命题作文中，有一类命题很适合这种方法，这类命题就叫作指代性命题作文。

屏幕展示：指代性命题作文。

（所谓指代性命题作文，是指非明确性的命题作文题目。命题中含有代词或具有比喻义、隐含义的词语。具有多重指代意义，需多重审读。如《生活充满阳光》《翻过那座山》《心中的风景》《墙的故事》《门其实开着》《这也是爱》《成长的路上你牵着我的手》《我和你》等。）

组织学生讨论交流，给示例分类，哪一类属于含代词类，哪一类属比喻义、隐含义类。

（属于含代词类：《这也是爱》《成长的路上你牵着我的手》《我和你》；

属比喻义、隐含义类：《生活充满阳光》《翻过那座山》《心中的风景》《墙的故事》《门其实开着》。）

同时鼓励学生就其一例进行剖析。

师：作文求新，往往是在立意上出人所料。那针对这类命题我们又能如何做到呢？现在，我们不妨把这些词语进行分类。我们先看一下分类的根据。

屏幕展示：

示例：

指代某一时间段，如"童年（初三、春天等）是一首诗"。

指代某一地点，如"故乡（清晨的校园、308寝室等）是一首诗"。

指代人物情感，如"父爱（奶奶的唠叨、师恩等）是一首诗"。

指代某一事物，如"那片竹林（那微黄的灯光、那条小溪等）是一首诗"。

指代某一精神品质，如"奋斗（坚韧、谦虚等）是一首诗"。

之后，鼓励学生进行讨论交流、展示评价。

师：归纳后再进行选择，去旧选新，就很容易走出一条创新之路。

板书结论二：归类各种材料，初定写作方向。

三、选定材料，定体定格

师：在我们选择内容、立意后，我们就可以谋篇布局了。请看示例。

屏幕展示：

（1）用小标题结构全文。如写"大自然是一首诗"时，就可以用四季的色彩来拟小标题：绿色之诗、红色之诗、黄色之诗、白色之诗，从而展现大自然的美丽。

（2）用诗的结构组织全文。如写"军训是一首诗"时，就可以如此组合镜头：序——酸、第一节——苦、第二节——辣、尾声——甜，以此表现"我"对军训的感悟。

（3）写散文，用小标题结构全文。如写"2019之中国是一首诗"时，就可以构思为：华为传奇之雄、女排绽放之美、十一阅兵之壮，从而歌颂中华之强。

（4）写记叙文，如写"牵挂是一首诗"，可进行多事铺排式行文。写远行时，母亲不停地来电话询问；写天冷了，母亲催我加棉衣；写秋收了，我担心母亲的劳累等，来表现母子之爱。

板书结论三：锁定写作方向，确定写作样式。

充分展示示例后，鼓励学生进行自己写作的构思。

巡视交流，做适当点拨、指导。

鼓励学生展示成果。

四、布置作业

根据自己的构思，书写成文。

第二十一讲　明比喻，巧定体
突破含比喻词 命题作文的写作
——以写作《那一支春天的歌》为例

含比喻义的作文写作有这样的特点：有些题目既可以写本义又可以写比喻义；有些题目很难写本义只能写比喻义；有些题目如果写本义就会肤浅，只有写比喻义才能深刻。

有一些命题作文题目中含有比喻词，可称为"比喻义作文题"。如在历年中考中各省市出现的这些考题：《心中的彩虹》《又见枝头发新芽》《我心中的歌》《最好的奖赏》《生活充满阳光》《翻过那座山》《心中的风景》《墙的故事》《门其实开着》。含比喻义的作文写作有这样的特点：有些题目既可以写本义又可以写比喻义，例如《墙的故事》；有些题目很难写本义只能写比喻义，例如《生活充满阳光》；有些题目如果写本义就会肤浅，只有写比喻义才能深刻，例如《又见枝头发新芽》。

如何写好含比喻词的命题作文，针对这类命题的特点，首先要突破审题关。对命题审读清晰，审透其蕴含的比喻义，成了写好此类命题作文的关键。

阅读下面一首诗歌，根据要求作文。（50分）

还有一支春天的歌
汪国真

有片草地我们都走过

有朵小花我们都记着

有个愿望我们都曾有过

有段往事我们都珍藏着

有过追求 有过失落

有过平坦 有过挫折

我们有过许多许多

还有一支春天的歌

其实，无论过去、现在，还是将来，都是一支春天的歌。请结合自己的生活经历或体验，以"那一支春天的歌"为题，写一篇不少于600字的文章。

要求：

（1）文体自选（诗歌、戏剧除外）。

（2）表达真情实感，不得套写、抄袭。

（3）文中不得出现真实的人名、校名、地名。

比喻性的命题作文写作起来是有一定的难度，但只要多找一些同类的范文，仔细研究一下别人是怎么构思的，怎样联想的，怎样过渡的，自然就学会了。"世上无难事，只要肯登攀"，功到自然成嘛。

一、审题：将诗意的字眼直观化，把哲理的字眼通俗化

哲理诗化的文题，有的概念抽象，表意含蓄；有的字眼形象，含义模糊，两者都给人"雾里看花"之感。这类命题一般采用双关或比喻修辞格。审题时，同学们要试着将诗意的字眼直观化，把哲理的字眼通俗化，即要化虚为实，并尽力拓展其引申义或比喻义。如"路""桥""春风"等一语双关，"路"既指行走的大道或小径，也可喻为"成长的历程""人生之路"；"桥"还可以是"心灵之桥""情感的沟通"；而"春风"不仅仅是"吹面不寒"的季节之风，更多喻"轻言细语的教诲""无声的帮助"等。再如"又见枝头

吐新芽"，"新芽"喻指新气象、新风尚、新思想……而"送你一轮明月"的"明月"是指人生在"失意、伤痛、迷茫"的时候，"人与人之间的相互理解、支持和包容"。可以说，挖掘出引申义或比喻义，就打开了思维的大门。当然，要准确理解题目的含义，还应该充分重视、巧妙利用提示语。如"为他人开一朵绚丽的花"有这样的提示语："让生命为他人开一朵花。一次送茶送水是一朵花，一次无偿献血是一朵花，一次受伤后的救助是一朵花，一次善意的批评是一朵花，一次碰撞后的忍让是一朵花，一次大度的让贤荐能是一朵花……能为别人开花的心是善良的心。"提示语对"一朵花"的含义进行明晰的拓展，降低了审题难度，拓展了思维空间，激发了考生写作激情。

二、立意：撇开本义，求新求深

应该说，有些比喻性文题，就其本义立意，文章也能出彩。但同学们一般要撇开本义，将主题直观化、明朗化的同时，努力开掘出它的比喻义或引申义，即所谓"暗题明做"。如"长大的路上，他牵着我的手"的"牵手"既可理解为手拉手，更要挖掘出"提醒""帮助""关爱"等含义……行文时的重点就要侧重在成长路上，他给了我无私的帮助和关爱。因而，面对比喻性文题，一方面要认真理解提示语以及所给材料中的议论性文字或关键词语，另一方面要将比喻性文题具体化、直观化，并努力挖掘其引申义或比喻义，方能使得文章有新意有深度。

三、构思：虚实相生，灵活转换

要写好比喻性文题，思绪有时要在现实与回忆中自由穿梭，还要注意把握好线索，有时需要一明一暗两条叙事线索交叉进行……这无疑需要同学们有更娴熟的驾驭技巧，需要对行文中的人、事、物、景做艺术化的处理。比喻性文题，更适合写记人叙事文章。无论是人物的出场，故事情节的展开，还是人物形象的塑造，文章主旨的彰显，都需要特定场景的设定，都需要灵活的艺术加工。如，"送你一轮明月"，不少考生巧妙地将故事场景设置在月夜里，借用月夜这个独特的场景，借用景物描写，引出人物，推动故事情节发展；行文中，灵活巧妙地将天空中的"明月"自然转化为"鼓励""微笑""提醒"等虚化的"明月"，从而巧妙自然地实现了虚实转换，实现了现实与想象、与回忆的更替。

高分作文赏析

组文一：一波三折叙故事 卒章显旨巧点题

那一支春天的歌

王宇杉

春风过境，天暖些了。

又一个匆忙的早晨，在我洗漱完毕后，抓起一块面包便冲出家门。逆着微风，我快速跑到公交站台前。车还没有来，原本浮躁的心平和几分。

一个背着蛇皮袋的老人不知何时来到我的身边。抬头看，着实吓了一跳。他的脸称得上典型的古铜色，手上的茧和黑泥交错，头发乱糟糟，身上也满是灰尘。我的目光与他交汇，他用慈爱的目光看着我，突然开口："孩子，车还等会儿才来呢。"我颔首，不自觉向右挪了几步。一旁等车的人，也都躲着他走。

车来了。

我挤进车门，站在售票机前，摸兜，空的！"完了，换裤子了。"我嘟囔。我手忙脚乱地摸遍全身上下所有口袋，一无所获。"快点啊。"身后传来阵阵催促。众人投来异样的目光，可谁能知晓一个初中生的窘迫。

"孩子，没带钱吧。我有！"突然传来陌生而熟悉的声音，是那个遭到我鄙夷目光的老人。他伸出手，攥着皱巴巴的一元钱，塞进售票机。

我怔住。

寻座坐下后，我禁不住对刚才无礼的行为感到愧怍。那个爷爷，一定也有个跟我年纪相当的孙女吧,他也许是想到了他的孩子,对我如此慈爱吧。可我为何没有想到,我的爷爷,也同他一样呢?

车子开动,载着我感激的心,和那位爷爷关爱的心向前行进着。他在用慈爱的目光看着我,我用感激的目光回礼。突然,车子停了。老人下了车。有一团什么,卡在我的喉咙里。我转身,打开窗,春风灌进,和着阳光的温暖。我大喊:"谢谢爷爷!爷爷再见!"他向我摆手,仍旧慈爱。

我的手心暖暖的,心是火热的。阳光注进血液里,在身体里贯通。

老爷爷的话语,像那支春天的歌,回荡在耳边;老爷爷的目光,像那支春天的歌,停留在心间;老爷爷的热心,像那支春天的歌,带给我动心的温暖。

那一支春天的歌

赵嘉骏

徜徉于黑白相间的世界之中,独享那生生不息的意境,谱写那一支春天的歌。

这还要从我爷爷说起。爷爷写得一手好字,飘若浮云,矫若惊龙,生生不息。爷爷虽然年过七十,但精神矍铄。他写字时,是一种难得的享受。落笔藏锋,出笔牵丝,收笔成钩,每个笔画之间都是藕断丝连,生生不息。每一招每一式,都恰如张三丰演练太极拳,行云流水,一气呵成,生生不息。看着他的字,仿佛置身于春天之中,一股生生不息的意境包围着我,从那时起,心中的梦想便已起航。

10岁那年春天,我手捧颜真卿的《多宝塔碑》,来到了一处生机盎然的郊外。爷爷望着我拿笔写字的身影,露出一抹意味深长的笑容。而我,则艰难地临摹着。日复一日,那些笔画越来越灵动,点画圆整,端庄秀丽,一撇一捺,灵动飘逸。不知是郊外春色的熏陶还是祖传于爷爷,我的字也有一丝生生不息的感觉。

冬去春来，又是一年春天，我又与爷爷一起于郊外练字。我的身心似乎都已融入其中。那一横，似小溪，折射出灵动的旋律；一竖，似高山，昭示着无尽的威严；一撇，似夏花，散发着浓郁的芬芳；一捺，似秋实，收获着璀璨的金黄。那一个个栖居于黑白世界的字，或如蛟龙盘旋，或如银蛇舞动，或如春水决决，或如秋山辽阔。爷爷也说我"孺子可教也"。

练字之行的最后一天，爷爷问我："你知道为什么让你在春天的郊外练字了吗？"我疑惑的双眼说出了心中的不解。爷爷笑着说："傻孩子，爷爷是为了让你领悟'生生不息'呀！"我恍然大悟，拿起我的字一看：是呀，不知不觉间，我的字也有了生生不息的意境，从那时起，我内心的小船已行驶到了彼岸的春天。

墨香飘逸，徜徉于黑白相间的世界之中，独享那生生不息的意境，让那墨汁、那春天融入我的生命，谱写那一支春天的歌。

组文二：细描风物 状物抒怀

那一支春天的歌

姜译雯

闲暇的午后，我喜欢慵懒地晒着太阳。桌上放一杯香气浓郁的奶茶，任凭热气在空中跳舞，轻呷一口，望着窗台上一盆盆生机勃勃的绿色植物，才想到春天来了。

我走上前去，仔细打量着花草：车轴草不似以前枯黄，君子兰也冒出了几朵花苞，绿萝的枝条也垂坠下来，在阳光的照耀下像是穿上了一层橙绯色的霓裳。这些花草一直都在努力地生长着，不过是我平时忽略了它们。我的目光瞥到了一盆仙人掌，一时间思绪纷飞。

那盆仙人掌是父亲去年买回来的，父亲一直很喜欢仙人掌，但这次却把仙人掌交给了我照顾。我也懒得管，就把它扔在了角落里。一个星期后我才想起它，给它浇了水，看着它刺猬似的身子，心中不知为何有一些厌恶。

一次考试过后，我的分数很不理想。拿着满是红叉的试卷回了家，看着桌上的仙人掌不免火起，于是抄起剪刀就往它的身上扎去，它的身上大大小小遍布了扎痕，我看着还不顺眼，就干脆把它剪去大半。看着它残缺的身子，心里的委屈是发泄完了，可又多了一丝愧疚。

我又把它扔在角落里由它自生自灭，偶尔才会给它浇水松土。有一次我看它有些枯黄，像是垂暮的老人，我断定它活不成了，就把它扔到了院子里，再也不管不问。

直到父亲收拾院子，看到了仙人掌，才把它安置在花盆里，细心照顾。可它还是毫无起色。

春天到了，万物复苏。它或许也是感到了春天的气息吧，又开始努力生长，焕然一新。我见它身上的扎痕大都痊愈，只是被我剪去大半的地方留下了一圈褐色的疤。它的努力生长，又何尝不是春天里一道亮丽的风景线呢？

那是一支努力的歌，也是一支春天的歌，我并不厌恶它了，而是佩服它在春天中唱出的生生不息。

那一支春天的歌

赵伊涵

父母爱花，家中的小院无论春夏秋冬，都是花海烂漫，空气中氤氲着醉人的花香，演绎着一场"视觉盛宴"。

前年，父亲从花市买到一盆沙漠玫瑰。用父亲的话形容，它已经美到了天际，鲜红如火焰的花点缀在粗壮树干间，父亲把它视为掌上明珠。可我，不知怎的，却不太喜欢它。总是觉得它那红似火焰的花过于娇艳，粗壮的、不规则的树干又显得过于老态，有一种格格不入的感觉。可又不好悖了父亲的心思，只是内心隐隐地不爱。

可过些日子，它开始出了问题——花朵逐渐凋谢，树叶又开始泛黄、掉落。我心想：果不其然，这花这么矫揉造作，生命力太不顽强了吧！父亲则不以为然："刚刚换了新环境，它需要适应！"

沙漠玫瑰就这样病怏怏地度过了一年的时间。

出乎意料地，在去年春天，它奇迹般的长出了绿油油的叶子，还长得宽大浓绿。过些日子，花朵长出，娇艳似火，在粗壮的枝干的映衬下，更显示出花的美丽动人。

这时，我却从中看出了一种坚韧不拔、坚强不屈的品质，顿时觉得它红得傲人，红得泰然。

沙漠玫瑰教会了我坚韧顽强的品质，它唱响了一支属于生命的歌，唱响了那一支春天的歌。

组文三：巧设双线　相得益彰

那一支春天的歌

郝净曈

学校的操场上，光秃秃的柳条被缀上点点绿色，伴着微风，时时起舞；大雁排着整齐的队列从我的头顶飞过。望着这一派繁荣景象，我知道：春天又来了。

大雁飞过的气流，把我的思绪带到去年的春天。

天气刚刚回暖，爷爷家的金银花就按捺不住寂寞，一夜之间绿了。我也迫不及待地对爷爷说："咱们去植树吧！"第二天一早，我和爷爷就扛着树苗拎着工具，来到一片稀疏的树林里。我与爷爷齐心协力，不一会，一棵属于我的树就种好了。

不久，我遭到了沉重的打击：期中考试的成绩极其差劲。我颓废，我迷茫，我甚至不知道下一步要怎么办了。这时，爷爷对我说："走，咱俩去看看那棵树。"只见它胳膊粗细的树干上长出了许多分支。爷爷拿着剪刀走到跟前，仔细端详着，忽然拿起剪刀，手起刀落，"咔咔——咔咔——"几声，几个无用的分支已经被爷爷剪断了。爷爷又拿起水桶，均匀地倒下去。

我猛然明白了爷爷的良苦用心！人的生命与一棵树苗的生命何其相似！树苗的生长过程中，会长出分支，这时就需要园丁去修剪；而人的生命历程中何尝不会遭到大大小小的挫折呢？遇到挫折，只有勇于面对，用不懈的努力战胜它，才能无悔于青春，无悔于时代！

我的心情豁然开朗，此时的山谷，漫山遍野的桃花竞相开放，春风十里，飘落一瓣又一瓣带着清香的桃花，在我身旁旋转、飞舞。我哼着春天的歌回到了家里，打造属于我的青春的歌……

思绪回到现在，临近中考的我，每天忙得焦头烂额，但爷爷送给我的那支春天的歌一直激励着我，勇往直前。

那一支春天的歌

杨孟尧

春回大地，放眼望去，一片嫩绿。

"春天在哪里呀——春天在哪里——"

我与妹妹走在家门口的小路上，这儿歌不自觉地从嘴里哼唱出。

妹妹抬头看我，听得入神。恍然间，我也看到了自己的儿时。

5岁那年，我同爸爸也是走在这条小路上，爸爸用他那厚实的手掌牵着我的小手。我说："爸爸，为什么旁边都是绿色啊？"爸爸停下脚步，俯身对我说："那是因为春天来了，小草都在舒展身体。"我带着好奇去看路边的小草，绿油油的，充满了蓬勃向上的精气神。爸爸走来抚摸着我的头："我们家的闺女啥时候长大啊？"爸爸一把抱起我，嘴里唱起那支儿歌："春天在哪里呀——春天在哪里——"歌声伴随着我的欢笑声充满了整条小路。

　　10岁那年，我带着张满分的试卷回到家。爸爸看到后，眼神里盈满赞许。爸爸起身拉起我向外走。外面，碧蓝的天空与绿油油的大地构成一幅美丽的画卷。我挎着爸爸的胳膊，与他一同走在这小路上，春风拂面吹来，我感叹道："真暖和！"爸爸接下话来："风再暖，也不如爸爸的心暖。一眨眼，闺女都长这么大了，还记得小时候爸爸给你唱的歌吗？"我们不约而同地唱起来："春天在哪里呀——春天在哪里——"我们互相笑着，笑声飘得很远很远。

　　今年，我马上面临中考，平时忙于学习，与爸爸也不太亲近。有天中午，爸爸说："走，跟爸出去走走。"这次，我与爸爸的话都很少，我俩自顾自地看着周围景色。这时，爸爸开口说："又是一年的春天啊！你小时候我还盼望着你什么时候会长大呢！总会给你唱歌，你还记得吗？"我点点头。爸爸嘴里小声哼唱起来，我走近他，把这首歌大声地唱了出来："春天在哪里呀——春天在哪里——"

　　春天是一支歌，是我一辈子都开心哼唱的歌！

　　组文四：裁锦织云　反复咏叹

<h3 style="text-align:center">那一支春天的歌</h3>

周卓祺

　　那是一支春天的歌。

　　春日，大地脱下了洁白的外衣，换上了一身绿纱裙。小溪早已摆脱禁锢，向四面八方奔去，还带着叮咚的歌声。小草也从地下探出头来，享受着阳光的沐浴。花儿也渐渐吐露芬芳。"不知细叶谁裁出，二月春风似剪刀"的柳树也打理着她的秀发。鸟儿也连忙从南方飞回，伴着春意，一展歌喉。闷了一个冬天的孩子们也在春的怀抱中撒欢，不知何时，微风也来分享孩子的喜悦，融进风中的笑声被带向远方。那是一支春天的歌，唱出了希望。

那是一支春天的歌。

"春雨贵如油"，有了春雨的滋润，田间的土地变得松软。农民伯伯不会放过这最佳的播种时机。一个个扛着锄镐来到田间，一个个被晒得黝黑。粗壮的胳膊举起锄镐，再放下，再举起，再放下。泥土便发出噗噗的翻动声。种子安家，微风拂面。豆大的汗珠从他们的额头上滚落，但笑意却一直定格在脸上。

到了中午，"妇姑荷箪食，童稚携壶浆"，大家都坐在土埂上，边吃边聊，聊那桑麻农事。那是一支春天的歌，唱出了勤奋。

那是一支春天的歌。

寒假过后，我们又投入了紧张的学习中，课堂上，有我们响亮的回答声；操场上，有我们跑步后急促的呼吸声；考场上，有我们沙沙的笔声。我们知道，春天是播种的季节，今日我们播下了汗水，明日我们便会收获那欢呼声。那是一支春天的歌，唱出了未来。

那是一支春天的歌。

春日的歌简单却又不失内涵，朴实却又不失厚重。春日的歌是一种精神，一种希望，一种传承。春天的歌一直在我的耳畔奏响，愿我能为春天的歌奏响几个音符。

那是一支春天的歌！

那一支春天的歌

苗宇

微风，阳光正好。

当队伍逐渐散乱，当脚步愈发沉重，还有多少人能坚持下来四圈的跑操？每一次跑操对我来说无非是一个考验。但我知道我不能停下，因为如果我今天停下了，或许明天还会有这个念头。它消耗着我的体力，更磨炼着我的意志。我要坚持，坚持为中考做好准备；我要拼搏，拼搏无悔的青春的岁月；我要谱写，谱写那一支春天的歌！

疲乏，夜渐微凉。

台灯的光明亮、透彻，未睡的人劳累，却仍提笔未辍。夜，寂静的夜，总是可以把微小的声音放大。有时可以听到水龙头滴水的声音，上铺翻身的声音，翻书的声音和写字的"沙沙"声。我常常在想，努力学习是为了什么？熬到深夜又是为了什么？是为了以后的幸福生活还是有吃有喝？我想那都不是正确答案，可能只是因为一句简单的"无拼搏，不青春"，或许更是因为要去谱写——谱写那一支春天的歌！

新绿，满眼生机。

嫩芽绿染满枝，蓝天洁净透亮。我喜欢春天这个季节，不止于她的美，更由于她万物复苏，勃勃生机，是一切美好的开始。中考在即，在这个季节里，要去奋斗，要去拼搏，要去谱写，谱写那支春天的歌！春天的歌是什么？是不放弃的坚持，是无休止的奋斗，是为了你的现在、将来没有遗憾，是青春的汗水、泪水交汇的歌。

我要做一名作曲家，谱写那一支春天的歌；我要做一名歌唱家，唱响那一支春天的歌；我要做我自己，演绎那一支春天的歌！

第二十二讲　小巧灵活的微课作文
——以七上第六单元为例

微课作文改变了教师口口相传的呆板，调动声色，能很好地做些情境渲染，有利于触动学生写作的情思。

微课作文很受学生欢迎，主要原因应该是它呈现出来的活泼性。"一怕文言文，二怕写作文，三怕周树人"，不避讳地说，很多时候，作文教学的确是生冷的。微课作文改变了教师口口相传的呆板，调动声色，能很好地做些情境渲染，有利于触动学生写作的情思。

微课作文也受教师欢迎，快捷方便，不受教师自身因素影响，就能借助微课资源进行作文的指导教学。优秀的作文微课资源具有很强的普惠性。

教学设计样例：写作双生兄弟——联想和想象

【教学目标】

1. 认知联想和想象两种写作手法的特点及区别；
2. 了解运用联想和想象应注意的问题。

【教学重点】

认知联想和想象两种写作手法的特点及区别。

【教学流程】

一、引

同学们好！看眼前的图形你想到了什么？（图形圆）

激趣导入，总结提炼，认知联想和想象两种写作手法的特点。

（预设：可能想到皎洁的月亮、精美的盘子、美味的月饼、旋转的飞碟、厚实的井盖、环形的跑道……也可能想到一无所有、圆圆满满、希望落空、循环往复、中秋月圆夜的阖家团聚……）

二、析

1. 我们由图形圆想到皎洁的月亮、精美的盘子、美味的月饼、旋转的飞碟、厚实的井盖、环形的跑道等，这是联想。

联想是由某一事物想到与之相关的另一事物。

2. 我们由图形圆想到一无所有、圆圆满满、希望落空、循环往复、中秋月圆夜的阖家团聚等，这是想象。

想象是在头脑中创造出未曾有过的新的形象。

3. 联想和想象的区别

联想是指在一个事物的基础上想到另外一个真实存在，具有相同特点的事物。而想象是指在一个事物的基础上想到另外一个可能存在的，构想出来的事物。

4. 联想的分类

问：同学们，现在我们尝试一次联想。面对一把雨伞，如果从不同角度联想，你会想到些什么？

你可能想到地球的"保护伞"——臭氧层，这是相似联想；

你可能由广告伞想到做广告，这是相关联想；

你可能想到伞下不受雨淋的人们，这是因果联想；

你可能想到伞阻隔了人与雨水的亲近，这是反向联想。

这样看来,联想还是一个大家族。

5. 学习运用联想和想象应注意的问题

在写作中善于运用联想和想象,就好比长出了"千里眼"和"顺风耳",可以思接千载,视通万里,有助于打开思路,激发灵感。初学写作时,可以多试试"触景生情""睹物思人"的手法,这都能开启联想与想象的大门。但要注意以下几点:

首先,联想要自然恰切。联想的事物与其触发点之间要有一定的关联。比如《荷叶·母亲》中,作者由荷叶对荷花的呵护,想起了母亲对孩子的爱,这是基于相似性原则做出的合理联想;如果联想到环境保护,联想到助人为乐,则可能是牵强附会的。

其次,想象要合情合理。想象出来的事物未必是现实生活中有过的,但一定要合乎生活的逻辑。《西游记》中的孙悟空是虚构的,现实生活中不可能有,但它的创造却建立在真实生活的基础上,比如他身上有着猴子活泼好动的特点。

最后,联想和想象要有新意。借助联想和想象,创造出前所未有的形象和故事,给人别开生面的感觉,会非常有吸引力。

三、结

想象力是人类很重要的智能,也是创造性思维的源泉。多读文学作品,保持和发展自己的好奇心,同时在写作中大胆表达,这些都可以培养和激发想象力。

四、拓

我来写一写:运用学到的联想和想象,进行一次二三百字的小创作。

题目:数字演绎的奇妙世界——我由数字想到的

第二十三讲　学会写一个人的几件事
——以《那个影响了我的人》写作为例

故事是人物品格的载体，只有故事才能准确地传达出人物的品格。这里要求所叙故事能准确表现主题，也要求能生动呈现故事。

生动准确的故事是文章最华丽的盛装。

写人叙事类文章在散文中占去很大比重。就受众层面讲，大众是偏于喜欢叙事类文字的。实际上，学生的习作也应把写人叙事作为重要的写作学习内容。就内容及表达来看，可以分为这样几种，如一事一议、多人多事、一人多事、多人一事等。中学生写作中要侧重掌握的典型是一人多事文章的写作。在教材中，《说和做——记闻一多先生言行片段》《阿长与〈山海经〉》《叶圣陶先生二三事》《藤野先生》都是很好的例子。现在我们一起探讨一人多事文章写作的核心问题。

1. 要凸显人物的品格，要展现人物的风貌

品格是人物的风骨，人物品格突出是人物描写成功的直接标准。

要表现的人物品格可以是一个方面的，也可以是多方面的。

2. 要有生动准确的故事

故事是人物品格的载体，只有故事才能准确地传达出人物的品格。这里要求所叙故事能准确表现主题，也要求能生动呈现故事。

生动准确的故事是文章最华丽的盛装。

3. 关于故事的使用

如果表现的人物品格是多方面的，角度比较明晰，选材比较容易。如果表现的人物品格是单一的，就要注意了，要选择几个不同生活内容的故事。也就是说故事承载的生活内容不能类似，更不能同质。

以《那个影响了我的人》写作为例进行一点解读。

这是一个典型的写人叙事的命题。题眼是"影响"，是什么产生影响，是人的品格产生影响，那么文章一定要体现人物的品格。怎样体现人物的品格，要侧重写事，最好是多事。

写以《那个影响了我的人》为题的文章，可以撷取生活中的平常小事，众星拱月，花团锦簇，完成对"我"的影响的表达。

学生作品

那个影响了我的人

李艺北

"慢慢来，不急。"每当心情烦躁快要发作时，耳畔总会响起这句话。它就像是一场绵柔的雨，润在心田里，抚平我的急躁，让我不自觉地舒展开眉头——

儿时，与奶奶住在一起，与隔辈人的生活总是无忧无虑的。晚上在奶奶温暖的怀中睡去，等到日上三竿才闻着饭菜的香气迷迷糊糊地爬起。那时候刚会自己穿衣，笨拙地套衣服时却总是困住自己。冬天的冷风往衣服里直蹿，我心中的怒气便上来了。脱也脱不下，穿也穿不上。只得从衣服里艰难地伸出头，大声地喊奶奶。奶奶缓缓地走来，看见我的样子不禁轻笑，她用宽大的手掌摸摸我的头顶，我烦躁地躲开，愤怒地与衣服作斗争。奶奶柔柔地开口："慢慢来，不急。"我的心突然平复，开始一点一点地穿好衣服。

大了些，见其他孩子都骑自行车，便也缠着奶奶买了一辆。刚骑上车，我便摇摇晃晃地栽下，趁着三分钟热度，我又爬上车子，一次次地尝试，一次次摔下。终于在十多次的失败后，我的耐心也耗尽了，便一屁股坐在地上，委屈地看着骑车飞奔的小伙伴。这时奶奶缓缓走来，扶起倒下的车子，坐在我身旁，用柔柔的声音对我说："慢慢来，不急。"奶奶用宽大的手掌轻轻地拍拍我的头，我的心情慢慢平复，又一次迈向自行车……

现在我已经不再和奶奶住在一起，但这句柔和的话语却一直影响着我。无论是与父母争论时，与朋友分歧时，还是拿不到理想分数时，耳畔总会响起那句"慢慢来，不急"。它让我的心瞬间平复下来。

奶奶对我的好有万千，奶奶让我明白的道理有千万，奶奶深深地影响着我成长。

谢谢你，奶奶，你永远是我心头的暖！

那个影响了我的人

郝净瞳

阳光——温暖我心。

在这初夏的季节，轻轻微风中带着融融暖意。这是一次郊游，我贪婪地享受着这大自然的馈赠。看看身边情绪高昂的妈妈，心中更暖。学业繁重，感谢妈妈拽我出来亲近自然。是呀，她总似阳光般温暖照亮着我的生活。牙牙学语时，那一声"妈妈"便让她兴奋不已，笑容如阳光般灿烂。也记得步履蹒跚地学习走路摔倒时，一声"起来，加油！"如阳光般笼罩住我。直到现在，夜晚，在一盏台灯下，提笔奋战的我，在劳累时，总能看到桌角那她轻轻送来的牛奶，冒着些许"白气"，连同她的爱，氤氲飘香。她，一直似阳光般陪伴在我身旁，一直让我感到温暖。

雷声——刺痛我心。

大雨扯天连地，一道闪电划过天空，接着又是一阵雷声。我心惊胆战，害怕得很。她——似雷声，不时，刺痛我的心。每一次。因贪玩而不专心，考试成绩退步时，她就像那雨天中交杂的雷声，本来就被这"大雨"淋得湿透的我，再加上她这随之而来的"雷声"，让我更加害怕和恐惧。我和她之间偶有争执，她就像那雷声一样无情地震撼着我。她那连珠炮似的话语，让我更加委屈，让我心生怨恨，让我长时心痛。但现在，我明白，只有经历她那雷声般的话语震撼，才能换来我现在的长大。

　　苍松——激励我心。

　　悬崖上的苍松，经历着暴风雨的洗礼，还依旧挺立在那里。而她似那苍松般，时刻感召着我前行。在我遭遇挫折时，蒙受委屈时……她总能面带微笑，激励我前行。她经得住生活带给她的百般考验，总能以微笑面对它们。她影响着我，教会了我像苍松一样坚强。

　　阳光！

　　雷声！

　　苍松！

　　一直影响着我——

第二十四讲　师法经典，琢文章之美玉
——以仿写《邓稼先》为例

教学中，带领学生汲取学识营养时，也要带领学生多学习它们的写法，来琢自己的作文美玉。

还清晰记得小时候描红的事，但毛笔字是没有学成的。想想当时挣扎在温饱线上的生活，就不言而喻了。但童年的记忆还是留住了。每学期都能领到一本描红的摹本，有时候还有一支毛笔。至于墨汁就要再到小商店里买了。摹本和毛笔随教科书一起被装进书包背回家，但母亲再没挤出钱来给置办墨汁是常有的事。于是偶有一个学期真能有墨汁描红，那可是被小伙伴们羡慕得不得了的事。毛笔字终是没得继续学，但描红的仿摹意识却深植脑海。读小学四五年级的时候，听说别人像巴金一样用"镶嵌"写月亮，被老师表扬，于是也就刻意在作文中写月亮，刻意用"镶嵌"写月亮。结果被老师大大地夸赞。此番被夸赞的结果是我乐此不疲地借书读书，之后是引以为傲地使用那些读来的东西。这是我童年的故事。我这童年的故事让我一直没有觉得借用一些学来的东西是可耻的事，反倒给我留下了一些做学问的认识。

比如我就认为，文章的学习就是从读开始，并能运用学来的东西。由于这样的认知，我有了读书的动力。再有就是要把学来的东西用好，最好做到创新。模仿中学习最怕邯郸学步。

教材中的文章都是精品，都可作为写作的典范。这些作品不仅是优秀的阅读营养，也是难得的写作榜样。教学中，带领学生汲取学识营养时，也要带领学生多学习它们的写法，来琢自己的作文美玉。我们引以为例的《邓稼先》，文质兼美。我们可以学习很多：

（1）要写出人物的精神。怎样写出人物的精神，要选用典型的事件，要调动生动的描写。

（2）要学习选材组材。邓稼先是一位功垂华宇的科学家，他的故事也必很多，但选择的材料一定要能更好地表现邓稼先的精神与品格。

（3）学习拟写小标题。《邓稼先》一文结构齐整，事例多而不乱，小标题拟写巧妙是一个主要原因。

（4）学习典雅而不失生动的语言。

教师下水

孤松傲峙五峰屏

从内忧外困到中国梦

历史上溯一个半世纪，中华民族内忧外患交困，长夜正暗。仅以20世纪初的几事为例：

1900年八国联军攻占北京，1901年《辛丑条约》签订，标志中国完全沦为半殖民地半封建社会。

孙中山领导的辛亥革命胜利，清王朝被推翻；但不久胜利成果被袁世凯窃取。

第一次世界大战结束，巴黎和会中国外交失败，五四爱国运动爆发。

1927年4月12日，蒋介石发动反革命政变，第一次国共合作失败。

20世纪初,中国被列强的瓜分达到最高潮,国内先进知识分子为了国家的命运寻找出路,而军阀在列强的支持下纷纷割据,战火纷飞。

那是中华民族苦苦挣扎的时代,是有亡国灭种危险的时代。

今天,一个半世纪以后,中国人民在努力实现民族伟大复兴的中国梦。这是亿万人前赴后继奋斗的结果,是许许多多可歌可泣的英雄人物及整个华夏民族创造出来的丰功伟绩。在21世纪,这可能是人类一曲最动人、最嘹亮的民族复兴之歌。

而对这辉煌作出了巨大贡献的革命先辈中,有一位伟大的革命先行者:李大钊。

拓 荒 神 使

李大钊,字守常,1889年10月29日生于河北省乐亭县大黑坨村。1907年入天津北洋法政专门学校,攻读政治经济学。1913年,东渡日本,就读于东京早稻田大学。

日本政府向袁世凯提出灭亡中国的"二十一条"要求后,李大钊在日本参加留日学生总会的爱国斗争,向国内寄发《告全国父老书》。这时,他开始接触社会主义思想和马克思主义学说。1916年回国后,任北京大学教授兼图书馆主任,积极参与正在兴起的新文化运动。他在《青春》一文中号召青年"冲决历史之桎梏,涤荡历史之积秽,新造民族之生命,挽回民族之青春"。

俄国十月社会主义革命的胜利极大地鼓舞和启发了李大钊,他先后发表了《法俄革命之比较观》《庶民的胜利》和《布尔什维主义的胜利》等文章和演说。他庄严地向世界宣告:"试看将来的环球,必是赤旗的世界!"1919年,他发表了《我的马克思主义观》《再论问题和主义》等几十篇宣传马克思主义的文章。《我的马克思主义观》是中国最早系统地介绍马克思主义的三个组成部分的著作,它的发表标志着马克思主义在中国进入比较系统的传播阶段。

1920年陈独秀、李大钊相约建党,共同发轫中国的共产主义运动。1921

年中国共产党成立后,李大钊代表党中央指导北方工作。

在以后的七年里,李大钊在极端危险和困难的情况下,领导党的北方组织坚持革命斗争。

1927年4月6日,被奉系军阀张作霖逮捕。同年4月28日,受绞刑,慷慨就义。

生的伟大,死的壮烈,先生把自己的毕生献给了民族的解放事业。先生撰写的名联"铁肩担道义,妙手著文章"正是他壮丽人生的光辉写照。

先生是中华危难之时的拓荒神使!

绝无人际处 空山传绝响

"予家渤海之滨,北望辄见碣石,高峰隐峙天际,盖相越仅八十里许。予性乐山,遇崇丘峻岭,每流连弗忍去。而于童年听夕遥见之碣石,尤为神往。曩者与二三友辈归自津门,卸装昌黎,游兴勃发……"先生是爱山的,仁者爱山,先生性定爱山。揣想先生少时随私塾老师吟咏陶潜"少无适俗韵,性本爱丘山"时,一定曾于海滨平原的家乡一次次深情地遥望碣石的巍峨;揣想先生少时随私塾老师朗吟魏武"东临碣石,以观沧海"时,一定豪情地遥想过登汉武台看苍茫渤海的浩瀚雄阔;揣想先生少时随私塾老师读知秦皇汉武唐太宗等九代帝相造临碣石时,一定笃诚地痴想登碣石者势必雄才。

注定此生先生与碣石有缘。

先生在短暂的生命历程中,八次登碣石群峰中的五峰山,有游览,有山居,有避难,更有潜心研究。

流泉雾岚激发了先生的诗情,山风海韵沉淀了先生的思想。

"是自然的美,是美的自然。绝无人迹处,空山响流泉",先生有谢公雅趣,先生有山水之爱。但先生的诗句真的值得我们去猜想。"绝无人迹处,空山响流泉",此处无"人迹"吗?此处有先生,此处有热心淳朴守祠人刘克顺夫妇。有人则不为空山。恐怕先生是说,这里是桃源,这里没有混沌世情,只有先生静静地思考救国救民的良方，那是思想的流泉。

1924年5月，先生结束在五峰山旬余的山居避难生活，以中国代表团首席代表的身份赴苏俄参加共产国际第五次代表大会。不知先生走下山回望五峰时，是否曾想到，这是他与五峰山的最后别离。也不知在先生以后的为民为国探索的征途中，曾否于梦中回望有流泉响瀑鸟语花香的五峰。

五峰，曾休憩过一个革命者忙碌的灵魂；五峰，曾滋养了一个探索者的思想。

"我不能走"

1927年4月29日的北京《晨报》披露了李大钊遇难的详细过程：……昨日下午党人20名已被绞杀决矣……闻看守所中只有一架绞刑架……而每人约费时18分始绝命，……首登绞刑者，为李大钊，闻李神色未变，从容就死。

1927年4月6日，奉系军阀张作霖勾结帝国主义，闯进苏联大使馆驻地，逮捕了李大钊等80余人。李大钊受尽酷刑，但在监狱中，在法庭上，始终大义凛然，坚贞不屈。4月28日，反动当局不顾广大人民群众和社会舆论的强烈抗议和谴责，在西交民巷京师看守所内，悍然绞杀了李大钊等20位革命者。李大钊第一个走上绞刑台，浩气凛然，从容就义，时年38岁。

"为革命而奋斗，为革命而牺牲，死固无恨；在压迫下生活，在压迫下呻吟，生者何堪。"这是时隔六年李大钊出殡队伍前的一副挽联。先生地下有知，你一定听到了，你的殉国于国于民是多大的伤痛。

那时先生住的苏联大使馆西院的原俄国兵营的地址，只有党内少数人知道。后来北京的共产党内部出了个叛徒，先生才遭出卖和被捕。形势愈发严峻的时候，就不断有同志、学生、亲人、友人劝李大钊离开北京。其实直到最后一刻如果先生听从杨度的劝告，还有脱身机会。先生却总说："我不能走！"

先生曾说，"人生的目的，在发展自己的生命，可是也有为发展生命必须牺牲生命的时候。因为平凡的发展，有时不如壮烈的牺牲足以延长生命的音响和光华。绝美的风景，多在奇险的山川。绝壮的音乐，多是悲凉的韵调。高尚的生活，常在壮烈的牺牲中"。

先生以为民请命的中国脊梁的生命状态践行着自己的人生壮言。

先生定是以死酬志的，为的是信仰，为的生命的真纯。先生不会苟且。

永恒的骄傲永远的痛

先生已离开我们近一个世纪之久，他的英名与伟业已镂进这个伟大民族的史册。

李先生是研究历史最有成绩的人，也是唯物史观最彻底最先倡导的人；今日中国辩证法、唯物论、唯物史观的思潮这样澎湃，可说都是李先生立其基，导其先河。——郭湛波

三十年了，三十年前我为了寻求救国救民的真理而奔波。还不错，吃了不少苦头，在北平遇到了一个大好人，就是李大钊同志。在他的帮助下我才成了一个马列主义者。他是我真正的老师，没有他的指点和教导，我今天还不知道在哪里呢！——毛泽东

登高一呼群山应，从此神州不陆沉。大智若愚能解惑，微言如闪首传真。（题诗《李大钊选集》）——吴玉章

先生发轫了中国的共产主义运动。

先生的遗憾，就是没有等到旭日喷薄、赤旗招展的那一天，而却在黎明前的暗夜里悲壮地殉国了。哀哉？壮哉！

生息繁衍于华夏热土的赤子及寰宇华裔当以有先生为幸！

第二十五讲　读写结合这些事儿

读和写是书面上的两件事，我们不妨就称之为书面语文。语文的课堂教学主要就是围绕读和写展开的。于是也就产生了读写结合的这些事儿。

至今还记得，初中的时候，在《语文报》上兴致盎然地读根据杜牧《清明》改写的文章。

清　明

唐·杜牧

清明时节雨纷纷，路上行人欲断魂。

借问酒家何处有，牧童遥指杏花村。

脍炙人口的《清明》承载着大唐的风韵，在文学的长河里流泻而来。它像极了一阕文化短歌，袅袅地传响在中华文化的殿堂里。由于喜爱，人们就在兴味不尽地吟咏，兴味不尽地把玩，甚至兴味不尽地想改变一下它的"头脸"。这炫人眼目的文字游戏让不论是改写者，还是读玩品咂跟着附和的人都过足了瘾。在百度上一搜，这"风景"尽显眼底。我们做一点摘录（原题《趣味改写杜牧〈清明〉诗》，署名老沈）。

清代纪晓岚觉得杜牧的这首诗不够精炼："雨纷纷"自然在清明时节；"行人"必然在路上；第三句是问句，"借问"就成多余；"牧童"只是被问者，无关紧要。因此他将每句头两个字删除，遂成一首五言绝句：

时节雨纷纷，行人欲断魂。酒家何处有？遥指杏花村。

这是缩写。

一九五七年,《羊城晚报》刊出以"世界上最短的剧"为题的剧本,用杜牧《清明》诗改编而成:

剧名:《清明》

[时间]清明时节

[布景]雨(纷纷)

[地点]路上

[幕启]行人(欲断魂):"借问,酒家何处有?"

牧童:(遥指)杏花村

[幕落]……

这是改写,改写成微型独幕剧。

公元一〇七八年清明这天,大文豪苏轼登云龙山放鹤亭拜见书法家张山人,张山人将自己写在白纸扇上的《清明》诗吟诵。吟诵后张山人要求苏轼将该诗变其形,而不失其意。才华横溢的苏轼欣然答应。苏轼仅变几处句读,竟成了一首绝妙小令,脱口而出,其云:

清明时节雨,纷纷路上行人,欲断魂。

借问酒家何处?有牧童,遥指杏花村。

这是改写,改写成词。

一九七八年清明节,在天安门人民英雄纪念碑前的众多诗歌中,有一首仿拟《清明》诗,别具意味。此诗对周总理的爱与对"四人帮"的恨溢于言表。诗曰:

清明时节泪纷纷,八亿人民恸断魂。

借问怨从何处起,红墙里出妖女神。

这是仿拟。

欣赏这些改写,有着无穷的味道,无穷的乐趣,真是津津乐道,流连难舍。这是高雅纯粹的文字游戏，是出于对文字对文学的热爱，是完全生活化艺术化的。我们的教学课堂也需要这些写作的活儿，但目的不一样。

读和写是书面上的两件事，我们不妨就称之为书面语文。语文的课堂教学主要就是围绕读和写展开的。于是也就产生了读写结合的这些事儿。在课堂教学中，很多教师都会调动使用摘抄、概述、缩写、扩写、改写、续写、仿写、写读后感等读写结合的方法进行教学。根据教学目的的不同，读写结合的作用可分为"以写促读"和"以读促写"。综合教师们的课堂教学实践，读写结合在形式上倾向于写的活动，但多是以写促读。

纵观统编教材的编写体例，在整体上已鲜明地体现出读写结合的特色。其中很多单元的语文要素学习任务与写作任务是照应的，这是"长距离"的读写结合。同时，课文学习中，也有读写结合任务的安排，出现在课后的"积累拓展"部分。以七年级上册为例，这样的读写结合任务安排有五次（2017年6月第2次印刷时安排有七次）。

1. 以写促读

课堂教学的主要任务是阅读，为促进对课文的理解，为增强对课文的感受，教师有时穿插安排了摘抄、概述、缩写、扩写、改写、续写、写读后感等这些写作活动。

例1.《狼》积累拓展·五

发挥想象，将本文改写成一则白话故事。注意充实内容，增加对人物语言、动作、心理等的描写。

这个写作活动是改写，是改变语体，将文言文改写成现代白话文。同时，这也是一次扩写。

例2.《皇帝的新装》积累拓展·五

有条件的班级，可以尝试将这篇童话改编为课本剧并表演。

这个写作活动是改写，是改变文体，将童话改写成剧本。

例3.《寓言四则》积累拓展·五

寓言的寓意与其情节设计有密切的关系。设想一下，如果赫耳墨斯没有自以为贵，蚊子也没有撞上蛛网，我们又能从寓言中读出什么？任选课文中的一则寓言，重新设计情节，赋予其新的寓意，把它改写成一篇新的寓言。

这个写作活动是改写，是改变故事情节。

以上这三个写作活动都是以写促读的。这是教材中呈现的。同时，教师在教学活动中自己有时也设计读写结合的活动。比如，也是在学习《皇帝的新装》时，很多教师愿意安排的写作活动是续写，甚至是已形成主流，效果也很好。

无论是上面哪个题例，都是为提高阅读理解的质量设置的。比如学习《皇帝的新装》，通过编课本剧，能更好地理解是如何展开想象的。通过续写，能锻炼学生提高想象的能力，能更深刻地理解作品主题。毕竟只有更深入地理解了主题，才能续写出更符合原作风格与旨意的文段。

在积极践行整本书阅读的背景下，在带领学生阅读名著作品的活动中，催生了很多的以写促读的活动。这里就介绍一例。

教材中《骆驼祥子》阅读专题探究一：给祥子写小传

本书以主人公祥子的奋斗和毁灭作为线索，可以说是祥子一生的记录。请根据作品的内容，写一篇祥子的小传，完整地勾勒出祥子的经历。写完后注意对照作品进一步修改，力求做到准确无误。

学生作品

祥 子 小 传

李烨

祥子，一个农村来的车夫，头大，圆眼，两眉又短又细，脸红彤彤的。颧骨与右耳间有一个不小的疤，人称"骆驼祥子"。之所以这么称呼他，是因为他在失去了第一辆车时，偷来了三匹骆驼，并将其卖掉，人们就称他为"骆驼祥子"。

他一直有一个梦想，那就是拥有一辆属于自己的车，自食其力，能娶上一个年轻漂亮的女子过日子。一开始的他，老实诚恳，为攒钱不舍得多花一分。但他生活在一个黑暗的时代，这让他遭遇了无数的不幸。首先是好不容易买来的新车被抢。他逃出后卖掉偷来的骆驼，使他的人生有了第一道裂缝。在这之后，他又被孙侦探骗，丢了钱，被迫娶了并不爱的虎妞。后来虎妞难产而死，他又卖车安葬了虎妞。但他并没有完全被击垮，他在曹先生的鼓励温暖中，依然倔强地抗争着。但命运却再次无情打击了他，小福子被卖到白房子后自杀。在经历这一切之后，他对生活的指望和信心，和他那要强的性格彻底消失，他变成了行尸走肉。他自私，他狡猾，他出卖朋友，成了社会病胎里的产儿，个人主义的末路鬼。

争强好胜的祥子，由一个淳朴，老实，善良的小伙子，沦为了一个令人同情的混混，这对一个有梦有恒心的人来说，无疑是不太公平的，而这恰是战争时期穷苦人民的一个缩影。

2. 以读促写

课堂教学的主要任务是写作，为促进写作任务的达成，课文是写作的材料。

（1）课文作为仿写的材料。主要特点是写作的方法来源于课文。

例如，《济南的冬天》积累拓展·五

借鉴课文的某些写法，就你家乡冬天的风景写一个片段。注意抓住特点来写，不少于200字。

任务明确，即"就你家乡冬天的风景写一个片段"。方法清晰，"借鉴课文的某些写法"。目的是学习《济南的冬天》中的写作方法。这样就要求学生能准确掌握《济南的冬天》的写作方法，如紧紧抓住景物的特征、寓情于景、运用对比、写景顺序井然有序、善于调动修辞艺术、描写景物虚实结合等。这样对阅读的确是一个促进，但主任务还是学习写作。

这是仿写写作方法的例子，还有仿写句式、仿写语体的，这些都是关于文章某一方面的即局部的仿写。还有就是在文章整体的结构方面进行仿写，详见本书《师法经典，琢文章之美玉》一讲。

（2）课文作为写作的由头。

例如，《植树的牧羊人》积累拓展·四

我们所处的社会中也有很多默默"种树"的人，他们以非凡的毅力，辛勤耕耘，种植着希望和幸福。你认识或听说过这样的人吗？试为他写一段文字，记录他的事迹，并写出你的评价和感受。

这个写作活动相当于一个短小的读后感。这个写作活动的功用不在于增强对课文的理解，也不在于学习写作方法。写作活动的目的是增强学生的健康甚至是高尚人格的塑造，育人功能显而易见。

（3）课文作为写作的用料。

在教材中作为单元写作任务的读写结合有五次。

序列位置	知识内容
八下第一单元	学习仿写
八下第三单元	学写读后感
九上第四单元	学习缩写
九上第六单元	学习改写
九下第一单元	学习扩写

以九上第四单元·学习缩写的写作实践为例，来看课文作为用料的作用。

一、从学过的小说里选择一篇，尝试缩写。（提示略）

二、从学过的议论性文章里选择一篇，进行缩写。（提示略）

三、班上计划编一本"班级读书档案"，邀请每位同学用缩写的方式介绍

自己最喜欢的一本书。就此写一篇作文。题目自拟。不少于600字。(提示略)

这被选择出的一篇小说、一篇议论性文章或自己最喜欢的一本书就是这次学习缩写的写作用料。这篇小说、这篇议论性文章、这本书具有不确定性。

第五编

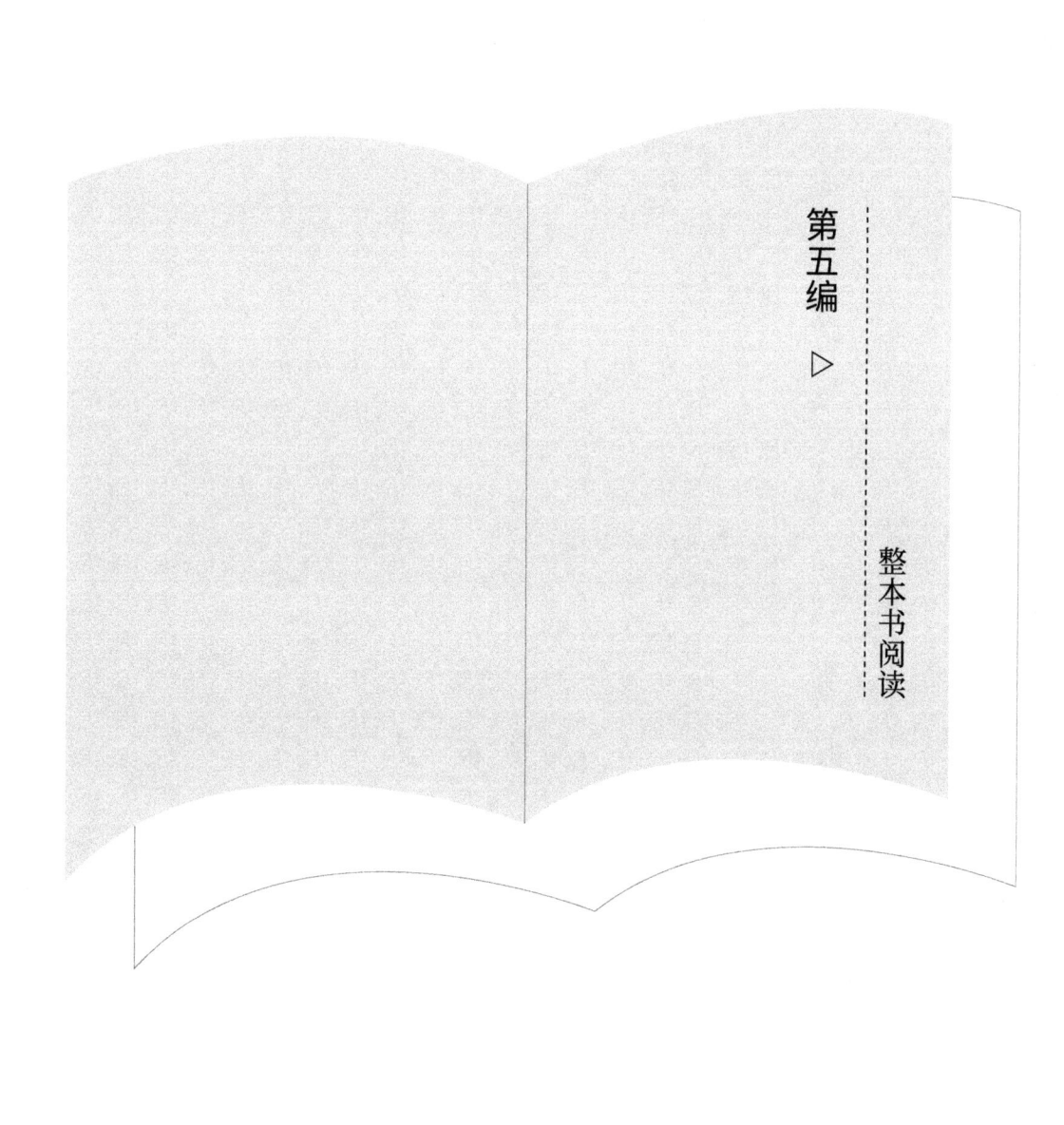

整本书阅读

第二十六讲　基于项目式学习的名著阅读
——以《西游记》导读为例

遇到一个真正的师者就是遇到了一位帮你打开窗子的人。祈愿我等教育人都能在成长的路上幸福地遇见帮我们推开窗子的人。

本案以项目式学习实践名著阅读，篇目是《西游记》。当把本案呈现在这里，不禁想起当时杨葛莉老师辛勤地带我们做课例的情景。真是感谢！已记不起在什么时候读过类似的话——遇到一个真正的师者就是遇到了一位帮你打开窗子的人。祈愿我等教育人都能在成长的路上幸福地遇见帮我们推开窗子的人。

实践操作中要关注好项目式学习的四个环节，即提出问题（项目选题）、规划方案（项目设计）、解决问题（项目执行）、评价反思（项目展示）。

童年的阅读盛宴　励志的奋斗壮歌
——《西游记》导读

一、本书简介
1. 内容介绍

《西游记》讲述了唐僧、孙悟空、猪八戒、沙和尚师徒四人西天取经的故事。小说将西天取经的千难万险形象地化为九九八十一难，以丰富瑰奇的想象描写了师徒四人在迢远的西方征途上,一路降妖伏怪最终取得真经的过程,歌颂了他们克服困难、百折不挠的进取精神和勇敢、乐观、智慧、奉献的高贵品质,揭示了正义必将战胜邪恶的真理;同时以取经过程的艰巨性曲折地反映了现实社会矛盾的严重,以神佛与妖怪的复杂关系揭露了统治者对恶势力的包庇纵容,及其千丝万缕的联系,抨击了封建统治阶级的腐朽。

《西游记》的出现,开辟了神魔长篇章回小说的新门类,书中将善意的嘲笑、辛辣的讽刺同严肃的批判巧妙地结合的特点,直接影响着讽刺小说的发展。《西游记》是古代浪漫主义长篇小说的高峰,在世界文学史上,它也是浪漫主义的杰作。《美国大百科全书》认为它是"一部具有丰富内容和光辉思想的神话小说",《法国大百科全书》说:"全书故事的描写充满幽默和风趣,给读者以浓厚的兴味。"从19世纪开始,它被翻译为日、英、法、德、俄等十来种文字流行于世。

2. 名家评论

《西游记》想象新奇,上天下地,出神入化,可说达到了登峰造极的地步,主要人物的性格也极为鲜明,而且读者面最宽,老少咸宜。此书的副作用极小,是一部鼓舞人积极斗争、永不灰心、为达到目标而百折不挠的书。

——白化文(中国俗文学学会常务理事)

《西游记》是关于著名僧人唐玄奘的历险故事。这位高僧西游的目的是精研印度佛教的宗旨。他的同行者有被他收为门徒的魔猴、猪精、沙妖怪。他们师徒四人经过许许多多奇幻的地域,遇到了各种各样的妖、魔、鬼、怪,有友,有敌人。全书故事的描写充满幽默和风趣,给读者以浓厚的兴味。

——《法国大百科全书》

动物世界、儿童的游戏性、天真的童心与非逻辑的想象,这一切形成了弥散在《西游记》中的童话的气氛。也正是在这样一种气氛中,孙悟空才得以那么左右逢源,如鱼得水,充分自由地发展他传奇性的英雄性格与特征,并且将他性格形象的精神内涵推向了最完美的高度。

——林庚

我少年时读之，老年也读之，越读越觉得有味道，真是百读不厌，我把它看成一部人生教科书……它给人以大眼光、大境界、大省悟、大触动。

——贾植芳

3. 作者简介

吴承恩，字汝忠，号射阳山人，中国明代杰出的小说家。他生于一个由学官沦落为商人的家族。吴承恩自幼聪明过人，《淮安府志》载他"性敏而多慧，博极群书，为诗文下笔立成"。但他科考不利，至中年才补上"岁贡生"，后流寓南京，长期靠卖文补贴家用。晚年因家贫出任长兴县丞，由于看不惯官场的黑暗，不久愤而辞官，贫老以终。吴承恩自幼喜欢读野言稗史，熟悉古代神话和民间传说。科场的失意，生活的困顿，使他加深了对封建科举制度、黑暗社会现实的认识，促使他运用志怪小说的形式来表达内心的不满和愤懑。他自言："虽然吾书名为志怪，盖不专明鬼，实记人间变异，亦微有鉴戒寓焉。"吴承恩的诗文多散佚，有后人辑集的《射阳先生存稿》四卷存世。

二、阅读重点及建议

（1）《西游记》有超乎想象的故事情节。作者吴承恩在小说中描绘了一个神奇的充满了各种神话色彩的故事世界，书中故事通过大胆的想象和曲折的情节引人入胜。《西游记》中的艺术想象十分大胆，但想象又不失丰富与奇特。孙悟空所在的世界，上有天上神仙所住的天庭，有幽静的佛家圣地，下有阴森可怖的阴曹地府十八层地狱；有花草茂盛的洞天福地，也有富丽辉煌的水晶龙宫。流沙河下八百流沙界，三千弱水深，鹅毛飘不起，芦花定沉底。火焰山上八百里寸草不生，即使是铜脑袋，铁身躯，恐怕也要化成汁。观音所在的珞珈山坐落在海中，其中有盛开的莲花，有一片紫色的竹林围绕，充满了虚无缥缈的佛家所在之处的魅力……此等想象与笔法，实在令人赞叹。

我们应怀着盎然的兴趣读这些想落天外的故事，为我们的文学王国插上想象的翅膀。

（2）《西游记》主要塑造了唐僧、孙悟空、猪八戒、沙僧师徒四个人物形象，这四个人物形象各有特点，性格各不相同，恰好形成了鲜明的对比。而作者笔下的妖魔更是形形色色。这使我们不得不佩服作者善于刻画人物形象的高超写作技艺，值得我们细细去读。

（3）《西游记》张开了幻想的翅膀，驰骋翱翔在美妙的奇思遐想之中，其幻想的思维模式，有着超现实的意识。《西游记》的幻想艺术确是一份宝贵的思维财富和丰富的艺术财富。《西游记》不仅是中国文学中的一部杰作，而且也是世界文学中的瑰宝。同学们也拿起创作之笔进行一次想象创作尝试吧。

三、走进阅读任务

任务情境：

《西游记》是一部古代神话小说，所描绘的神话丰富多彩，所描绘的世界神奇又美丽，是中国文学史上杰出的神话故事小说。里面很多有趣而又引人入胜的故事，直到现在都为人称道。书中写唐僧师徒经历八十一个磨难让我们看到他们执着、不畏艰险、锲而不舍的精神。这着实是一种值得我们学习的精神。省视过去，看看我们生活中的坚持与奋斗；展望未来，让执着与奋争为我们的人生保驾护航。亲爱的同学们，从现在开始，我们就进行一次趣读旅行吧，走进《西游记》想落天外的奇幻世界，汲取精神营养，让它成为我们成长的加油站。

童年的阅读盛宴 励志的奋斗壮歌

任务一：趣读《西游记》

活动一：趣读《西游记》故事

　　环节一，梳理故事情节：挑三拣四读故事

　　环节二，小小故事会：津津有味说故事

活动二：趣说《西游记》人物

环节一，条分缕析认人物：画人物关系图

环节二，评头品足说人物：给人物贴性格标签

活动三：趣解《西游记》主题

环节一，电视剧金曲回声

活动四：趣写《西游记》新故事

环节一，大胆发挥想象，自己创作一个取经路上的新故事

任务二：讲讲自己的励志人生

活动一：讲讲自己少年岁月中战胜困难的故事

活动二：说说自己将来如何战胜生活中的某个磨难

四、阅读过程

任务一：趣读《西游记》

活动一：趣读《西游记》故事

环节一，梳理故事情节：挑三拣四读故事

浏览小说目录及正文，看看本书讲了师徒四人多少个故事，每个故事的具体内容是什么？完成下列表格（完成10个）。

故事名称	主要内容
……	……

环节二，小小故事会：津津有味说故事

体会这些故事，你喜欢哪一个？在班里举行一个故事会，说给同学听。可以先在小组内交流，之后小组推荐最佳讲述者在全班进行展示交流。

序号	符合情境（2分）	符合人物性格（2分）	语言简洁流畅（2分）	讲述生动（2分）	仪态自然（2分）	得分

活动二：趣说《西游记》人物

环节一，条清缕析认人物：画人物关系图

小说主要塑造了唐僧师徒四人，也塑造了林林总总的仙界及妖魔角色。请你试着画一张思维导图，表现这些人物之间的关系。

《西游记》人物关系图

环节二，评头品足说人物：给人物贴性格标签

请选择作品中一两个人物，认知评析他（她）的性格。

我选择的人物	
人物性格分析	

活动三：趣解《西游记》主题

环节一，电视剧金曲回声

电视剧《西游记》主题曲是《敢问路在何方》，歌词是这样的：

你挑着担我牵着马，迎来日出送走晚霞，踏平坎坷成大道，斗罢艰险又出发，又出发，啦——一番番春秋冬夏，一场场酸甜苦辣，敢问路在何方，路在脚下，啦——一番番春秋冬夏，一场场酸甜苦辣，敢问路在何方，路在

脚下。

你挑着担我牵着马，翻山涉水两肩霜花，风云雷电任叱咤，一路豪歌向天涯，向天涯，啦——一番番春秋冬夏，一场场酸甜苦辣，敢问路在何方，路在脚下，敢问路在何方，路在脚下。

这首歌由著名的男高音歌唱家蒋大为演唱，曾风靡祖国大江南北。这首歌文学与音乐完美结合，取经的艰险故事与作品主题完美结合。请把作品与歌曲相互印证，理解小说的主题。

活动四：趣写《西游记》新故事

环节一，大胆发挥想象，自己来创作一个取经路上的新故事

揣摩《西游记》故事的情节结构模式，例如章回体小说如何开头、结尾，合理安排妖精来历，得体安排唐僧师徒如何解决等，然后进行新故事创作。

温馨提醒：

（1）合理想象，注重细节，力求与原著风格一致；

（2）要考虑设置悬念，做到故事生动有趣；

（3）人物的表现要符合其性格特征。

任务二：讲讲自己的励志人生

活动一：讲讲自己少年岁月中战胜困难的故事

要求：以一则日记的形式写下一个自己战胜困难取得成功的故事。故事要真实，描述要生动，四百字左右。找机会读给爸爸妈妈听。

_____

_____

活动二：说说自己将来如何战胜生活中的某个磨难

读过《西游记》，一定被唐僧师徒四人的励志故事打动着。我们人生的路不正是一条取经的路吗？对于未来道路上的风雨，你准备好了吗？拿起笔，写下我们奋斗人生的计划吧！

题目：走过风雨

要求：（1）写一篇四百字左右的演讲稿；

　　　（2）各组推荐一名代表，举办一个小型的演讲会。

五、回顾与反思

（1）将阅读学习单及作文汇总装订，设计一个封面，起一个名字，将阅读《西游记》的过程保存下来。检查阅读过程中的所有记录，看看是否还有不明白的地方，与老师和同学交流解决。

（2）给自己的阅读成果做个评价，好吗？

《西游记》阅读自我评价量表

项目	标准	分值	得分
梳理故事情节	参见活动说明及活动展示	10	
小小故事会		10	
画人物关系图		10	
给人物贴性格标签		10	
电视剧金曲回声		10	
趣写《西游记》新故事		20	
写战胜困难的日记故事		10	
写《走过风雨》演讲稿		20	
合计		100	

六、挑战闯关

1. 整体感知

《西游记》全书共一百回，从大结构上看，可分成三个部分。第一部分（一至七回）：介绍孙悟空的出身和"_____"的故事，集中表现了他的_____精神，为他的神通广大和后来随唐僧西天取经提供背景材料。第二部分（八至十二回）：介绍小说的另一主人公唐僧，叙述唐三藏的出身及_____。写如来说法、观音访僧、魏征斩龙、唐僧出世等故事，交代取经的缘起。第三部分（十三至一百回）：是全书故事的主体，写孙悟空在猪八戒、沙僧、白龙马的协助下保护唐僧前往西天取经，一路克服_____难，终于取回真经，修成正果的故事。故事蕴含着的人生真谛。

2. 提取信息

《西游记》中唐僧、孙悟空师徒关系在嫌隙变化中慢慢走向信任，请根据作品情节进行梳理。

_____，师徒结缘——悟空杀盗贼，师徒心生嫌隙——_____，师徒关系开始稳定——_____，师徒关系"破裂"——_____，师徒彼此慢慢信任——真假美猴王，师徒关系再次"破裂"——如来指出假悟空，_____。

3. 理解推断

"神魔皆有人情，精魅亦通世故"（鲁迅《中国小说史略》），你是否同意这样的评价？请举一个具体例子进行说明。

_____

_____

_____

_____

4. 联结运用

某校四年级（10）班同学在阅读《西游记》时，对孙悟空产生了不同评价的讨论，为此班级组织了一场辩论。假如你是反方，针对正方辩词该怎么说？

正方：我方认为，孙悟空大闹天宫，他藐视权威，桀骜不驯；一路降妖伏魔，他爱憎分明、疾恶如仇；历尽艰险取得真经，他不怕困难，坚忍不拔；孙悟空是一个热爱自由，充满了斗争精神的英雄。

_____

_____

_____

_____

5. 鉴赏评价

《西游记》在描写中多用诗词穿插，作品中的诗词，可谓很多。有对美丽风景的刻画，有对出场人物的描写，有对解除劫难的欣喜，也有对取经艰辛的慨叹。大量的诗词穿插使作品具备了很高的文学性，也增添了作品的趣味性。请同学们做一些摘抄，还可以作简单的评注哟。

第二十七讲　边学边做边得的低段整本书阅读
——以《战国故事》导读为例

语文课应是一次次旅游，边走边看，边走边赏，览尽一路上的风景，到达目的地，不论那里风光如何，一路走来已是收获满满。语文课不应是一次次的出差，直奔目的地而失掉来路上的那些花团锦簇、那些碧海长天。如果语文学习失掉了过程，那就无异于一次次的出差，暂不说失掉了过程之美，就结果而言也只能是知其然不知其所以然，不知语文真味而已。

2017年1月20日，我有幸走进北京101中学，聆听了程翔老师的名著推进课《小王子》。2017年整本书阅读刚刚兴起，大概也只有在北京这样的城市课堂里才能见到名著学习课。从海淀进修学校出发时，班主任迟老师兴奋地告诉大家说今天肯定有收获。结果如迟老师所言，我们真的是开眼界。时至今日，当时的兴奋还能隐约记得。这兴奋一是源自程翔老师的课，另外是在迟老师的"怂恿"下，在那些知深学傲的海淀骨干老师面前，我谈了自己观课《小王子》的感受，那不异于刘姥姥进大观园。现在翻开微信，就能看到那天留下的文字：

2016我的教育最值得纪念的事：走进海淀，听了程翔的课，斗胆说了程翔的课，欣慰！程翔老师的课让我肃然起敬。程翔老师，敬礼！这算是我对2016我的教育的留念！

当然，这段文字里说成 2016 年，指的是农历。

程翔老师的课为何让我兴奋？首先当然是我第一次见到名著课。其次就是程翔老师上课的那股子劲儿。形容程翔老师是一定要用温文尔雅的。果然课如其人，他把课打理得如行太极，不急不缓，绵绵有力。我是愿意这样形容语文课的：语文课应是一次次旅游，边走边看，边走边赏，览尽一路上的风景，到达目的地，不论那里风光如何，一路走来已是收获满满。语文课不应是一次次的出差，直奔目的地而失掉来路上的那些花团锦簇、那些碧海长天。如果语文学习失掉了过程，那就无异于一次次的出差，暂不说失掉了过程之美，就结果而言也只能是知其然不知其所以然，不知语文真味而已。这里我之所以说这些，就是在那节课上，程翔老师就是带孩子们在旅游，看尽路上的绿水与青山，听闻路上的水鸣与鸟音。一节课里，程翔老师带着孩子们在语文的旅游路上走走停停，停停走走，其味盎然，其景怡然。

对于一群七年级的孩子，读出《小王子》的主题并非易事。程翔老师在短短的一节课里带领孩子们实现了突破。我也仔细阅读了程翔老师教读《小王子》的整个学程，梳理出我的认识：边学边做边得。这是低段年级学生读学名著不错的方法。程翔老师提倡有"学理"的语文教育。边学边做边得的低段整本书阅读就是有"学理"的语文教育。

那天，在我贸然谈观课感受的最后，我说：程老师，你驯服了我。全场一片笑声。

认识总是在不断地加深。

2018 年岁末，杨葛莉老师带我接触了小学整本书阅读这件事。这是在为统编教材的小学名著阅读做实践开场。杨老师对于语文教学的前瞻性又一次得到证实。恰是在这次活动中，我对边学边做边得进行低段整本书阅读的方法有了进一步的认识。

教学设计样例：史海探珠——《战国故事》导读

【设计意图】

1. 林汉达先生说："我喜欢学习现代口语，同时又喜欢中国历史，就不自量力，打算把古史中很有价值的又有趣味的故事写成通俗读物……我当初写中国历史故事的动机只是想借着这些历史故事来尝试通俗语文的写作，换句话说，是从研究语文出发的。"阅读《战国故事》，是为儿童历史知识的启蒙做奠基性的工作，在阅读中能加强儿童对祖国传统文化的了解，能收到继承弘扬祖国传统文化的教育作用。

2. 林汉达先生讲的历史故事不仅可以让读者津津有味地读到我们祖国的历史，而且文字规范，对我们学语文、学作文都大有好处。故在阅读中鼓励儿童学习这样规范的文字表达。

3. 阅读过程注重激趣与分享，充分调动学生阅读的积极性，在分享中让学生体尝到阅读与成功的快乐。

【阅读目标与任务框架】

通过阅读战国历史故事了解战国的历史。通过故事了解历史虽然碎片化，但它更注重了个人的风貌，增强了生动性。

在生动的故事阅读中了解历史是件欢愉的事，同时在色彩纷呈的故事中更能汲取祖国的传统文化。

当然战国的故事处处闪现着谋略、战争、生存等诸多智慧，这样看来它更是营养的宝库。故此在阅读过程中重在诱发与分享。简单的如教师带领学生分享作家作品资源、阅读记忆通关20题速答，这是对作品的全貌了解。深度的有：谈一谈自己喜欢的战国历史故事中的人和故事，分享战国历史故事中的励志故事。这样学生们就从战国故事中收获了人生智慧和人生道理，这样我们就收获了学生们在阅读中的精神成长。

【阅读过程及说明】

一、拨云见雾识作品

学习形式：教师可通过微课对作家作品进行介绍，让学生对名著有初步认识。

微课一：内容简介

微课二：名人推荐

微课三：作者简介（微课内容均见资源链接）

二、我爱我读抢先看

这些历史故事都是脍炙人口的，选择三五则抢先看，之后和大家分享一下自己的阅读收获。

_____

_____

说明：《战国故事》主要讲述了中国古代战国时期各诸侯国争夺地盘的有关故事，有三家分晋、用人不疑等26个故事，是故事集，很适合分散跳读。鼓励学生先跳读几则，很容易激发阅读兴趣，开启阅读之门。这样就顺利地把阅读迁移到了课下。

三、七嘴八舌说收获

1. 阅读记忆通关20题

（1）三家分晋是（　　）、（　　）、（　　）三家。

（2）《用人不疑》故事中魏文侯派出的将军是_____。

（3）《河伯娶妇》故事中将军_____治理了邺城。

（4）《起死回生》故事中的名医是_____。

（5）《不受蒙蔽》故事中的善于比喻说理的人物是_____。

（6）《商鞅变法》故事中变法的是_____（国家）。

（7）《孙膑下山》故事中庞涓和孙膑的老师是_____。

（8）《马陵道上》故事中孙膑用_____之计诱敌深入，射杀了庞涓。

（9）《悬梁刺股》故事中"头悬梁锥刺股"刻苦读书的人是_____。

（10）《胡服骑射》故事中仿照胡人穿着学习胡人骑马打仗的是_____。

（11）《屈原投江》故事中屈原在绝望中抱石投进_____（江水名）。

（12）《鸡鸣狗盗》故事中_____依靠门客"鸡鸣狗盗"之计逃出秦国。

（13）《狡兔三窟》故事中_____给孟尝君献"狡兔三窟"之计。

（14）《火牛陷阵》故事中田单用_____（计策）令燕惠王撤换了大将乐毅。

（15）《完璧归赵》故事中_____出使秦国，并"完璧归赵"。

（16）《负荆请罪》故事中负荆请罪的赵国大将是_____。

（17）《远交近攻》故事中_____用"远交近攻"之策帮助秦国吞并了六国。

（18）《坑杀赵卒》故事中"纸上谈兵"的赵国将领是_____。

（19）《图穷匕见》故事中_____刺杀秦王政没有成功。

（20）《统一中原》故事告诉我们统一中原的是_____（国王）。

附答案：

（1）赵、魏、韩（2）乐羊（3）西门豹（4）扁鹊（5）邹忌（驺忌）（6）秦国（7）鬼谷子（8）减灶（9）苏秦（10）赵武灵王（11）汨罗江（12）孟尝君（13）冯驩（冯谖）（14）离间（15）蔺相如（16）廉颇（17）范雎（18）赵括（19）荆轲（20）秦王政（秦始皇）

2. 谈一谈自己喜欢的战国历史故事中人和故事，和同学们分享自己从战国故事中收获的人生智慧和人生道理。

_____

_____

例：喜欢秦王政，秦王政（秦始皇）顺应历史潮流，灭六国统一了中国，结束了诸侯长期割据混战的局面，符合广大人民的愿望；他建立了君主专制的中央集权制度，统一文字、货币、度量衡等，巩固了统一，促进了各地区各民族之间的经济文化交流，对后世产生了深远影响。

四、你说我说话成长

战国历史故事中的励志故事很多，你读哪个故事有心灵触动，又有哪些给了我们人生感悟，就说一说吧！

_____

_____

例：蔺相如

蔺相如是战国时期赵国名相，为人机智勇武，有远见，善谋断，为赵国抵御强秦、壮大国势立下了汗马功劳。《完璧归赵》中蔺相如受命带宝玉去秦国换15座城池，他见秦王没有诚意，可玉已经在秦王手里，他凭着自己的聪明才智，终于使宝玉完好回归赵国。渑池之会时，他随机应变，应对秦王屡屡刁难和侮辱，巧妙回击，不失风度也不失尊严。《负荆请罪》中蔺相如为人大度，深谋远虑，不计荣辱得失，表现了蔺相如以国家利益为重，顾大局、识大体的高尚品质。蔺相如一心为国，有勇有谋，不畏强权，不计较个人名利，顾全大局。他的这种君子风度值得我们学习。

【资源链接】

1. 本书内容简介

《战国故事》主要讲述了中国古代战国时期各诸侯国争夺地盘有关的故事。有三家分晋、用人不疑、河伯娶妇、起死回生、不受蒙蔽、商鞅变法、孙膑下山、马陵道上、悬梁刺股、攻守同盟、合纵抗秦、连横亲秦、胡服骑

射、屈原投江、鸡鸣狗盗、狡兔三窟、火牛陷阵、完璧归赵、负荆请罪、远交近攻、赠送绨袍、坑杀赵卒、毛遂自荐、盗符救赵、图穷匕见、统一中原等 26 个故事。

目录以四字词语形式呈现，其中很多已被收录为成语。于是，一些时候，大家便称之成语故事集。林先生编写历史故事有两个很大的特点：

（1）注意史实的准确。他写的历史故事跟演义小说不一样。演义小说虽然写得很生动，可其中有许多虚构的情节。他写历史故事着重说明历史发展进程，又比较尊重历史事实，主要取材于《战国策》《史记》《汉书》《后汉书》《三国志》等史籍。

（2）文字的口语化。林先生是一位语言学家，对普通话有深入的研究。他是浙江宁波人，虽然只能说家乡的方言，可写起文章来，用的却是地道的普通话。这部书念起来很顺口，读着跟听故事一个样，所以不但是一部优秀的历史读物，还是一部优秀的语文读物。

2. 名人推荐

这些用"规范化普通话"编写的通俗历史故事，不但青年读来容易懂，老年读来也津津有味，是理想的历史入门书。这样的书，在我们这个历史悠久的文明古国里，实在太少了。

——经济学教授，杰出的语言文字学家　周有光

身居高位、学至大家的林汉达致力于把用艰深的文言文记录的中国历史，用通俗易懂的白话文表达出来，他投入大量精力来做这样的"小事"，不仅造福了一代又一代孩子，也为历史知识的启蒙做了奠基性的工作。

——著名教育家、新教育实验发起人　朱永新

林汉达的历史故事不仅可以让读者津津有味地读到我们祖国的历史，而且文字规范，对我们学语文、学作文都大有好处。

——儿童文学作家　任溶溶

3. 作者简介

林汉达（1900—1972），宁波慈溪人、著名教育家、文学家、历史学家。曾化名林涛。毕业于杭州之江大学。1945年底，与马叙伦等共同发起成立中国民主促进会，当选为常务理事。1949年，参加中国人民政治协商会议，并参加会议筹备工作，后出席第一届中国人民政治协商会议全体会议。新中国成立后，历任北京燕京大学教授、教务长，中央教育部社会教育司司长，全国扫盲委员会副主任，教育部副部长，《中国语文》杂志副总编辑、总编辑，中国文字改革委员会委员、研究员，中国民主促进会中央委员会副主席。曾任全国人民代表大会第一、二、三届代表。2016年1月29日，林汉达、雪岗的作品《中国历史故事集》入选"2015年度影响力图书"推荐年度童书类作品。

第二十八讲　三维立体的名著阅读
——以《艾青诗选》学程设计为例

　　阅读一部名著，既有名著内容的阅读，也有读书方法的培养；既有自主阅读个性化理解的舒张，又有规范性认读普适性理解的规范。

　　读名著，文学巨匠茅盾尝试探究三读法，即读名著最起码要读三遍。第一遍最好很快地把它读完，就好像在飞机上鸟瞰桂林城的全景；第二遍要慢慢地读，细细地咀嚼，注意各章各段的结构；第三遍就要细细地一段一段地读，这时要注意到它的炼句炼字。

　　关于读名著的经验还有很多，都值得我们很好地借鉴。但中学生阅读名著和普通人阅读名著有不同。中学生在老师的指导下阅读名著，应遵循阅读规律，要完成阅读任务，阅读目的性较强。阅读一部名著，既有名著内容的阅读，也有读书方法的培养；既有自主阅读个性化理解的舒张，又有规范性认读普适性理解的规范。这样，中学生阅读名著，阅读活动应该是三维立体的。

　　融合茅盾的名著三读法，我们梳理清晰三维立体的名著阅读体系。第一维度指名著阅读就内容而言的广度。要做到名著整体通览，阅读时要快但绝不是浮光掠影，就是茅盾说的"鸟瞰"。既要保证全面的阅读（阅读的量），又要保证阅读的角度全面，在阅读内容、写作背景、文化常识、写作技巧方面都要有关注。第二维度指名著阅读就欣赏而言的深度。很多时候我们把这一维度的学习任务用"专题探究"的形式进行展现。我们以"《钢铁是怎样炼成的》名著导读"为例进行观察。

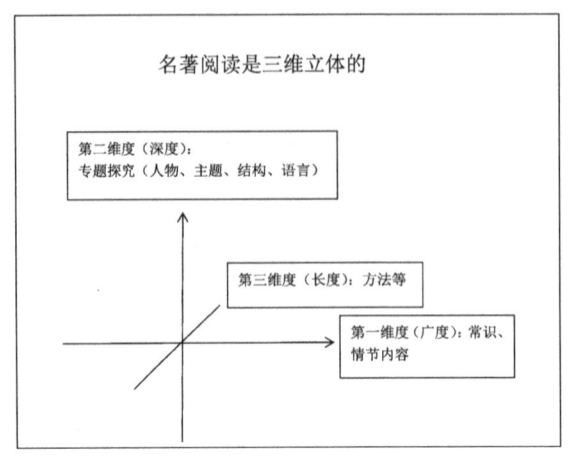

```
名著阅读是三维立体的

第二维度（深度）：
专题探究（人物、主题、结构、语言）

第三维度（长度）：方法等

第一维度（广度）：常识、情节内容
```

《钢铁是怎样炼成的》专题探究

全班共同阅读《钢铁是怎样炼成的》，然后根据各自的兴趣选择自己喜欢的专题，也可以另外选择专题，分小组进行探究。

专题一：保尔·柯察金的成长史

主人公保尔·柯察金在历练与考验中成长，这就如同钢铁在烈火与骤冷中铸造。历练与考验，坎坷与起伏，锻造了保尔·柯察金的信念和意志。梳理保尔·柯察金的成长史，列出提纲，给这位主人公写一个小传。

专题二：保尔·柯察金的形象分析

保尔·柯察金具有顽强的毅力、永不言败的精神，他在重重磨砺下无所畏惧，意志如同钢铁般坚强。然而除此之外，他还有温情的一面，比如书中写到的亲情、恋情、友情等。阅读的过程中，摘录一些能够体现保尔·柯察金性格不同侧面的句子和段落，结合这些具体描写，对主人公丰满的艺术形象做出分析。

专题三："红色经典"的现实意义

有人认为，文学要有所担当，"红色经典"作为特定历史时期的精神路标，其厚重感与担当意识在现实生活中依然富有生命力。你怎么看待"红色经典"的现实意义？带着这个问题阅读这部具有年代感的作品，在阅读的过程中留意自己的感受，看看其中哪些段落让你读来觉得困惑，哪些段落依然新鲜刺激，哪些段落令你深受触动。详细记录这些心得体会，整理成读书笔记，并与同学探究"红色经典"的现实意义。

这就是有深度地进行名著阅读的知识坐标。教材中是以"专题探究"形式出现的。就叙事类文学作品而言，这三个专题对应着三个要素。

"专题一：保尔·柯察金的成长史"是故事和主题层面的。只有如茅盾所说"第二遍要慢慢地读，细细地咀嚼，注意各章各段的结构"，我们才能完成"梳理保尔·柯察金的成长史，列出提纲，给这位主人公写一个小传"的阅读任务。

"专题二：保尔·柯察金的形象分析"是人物层面的。具体的阐述将与第三维度阅读一起呈现。

"专题三：'红色经典'的现实意义"是由主题层面衍生出来的。这是我们中国青少年读这部作品的意义所在。一部外国文学作品对于我们而言，阅读的意义恐怕多在于它不朽的思想主题或高超的文学技巧。这部作品的不朽就在于它恒久的"红色力量"。

这三个专题探究的质量决定于学生读书的深度。第二维度的阅读是整个阅读活动的"生命阅读"，它决定了读一部书的收效，它影响着读书素养的养成。

第三维度指名著阅读的方法、习惯、态度等。读一部或者几部名著那是读书生活中得失一城一池的事。而读书方法、习惯、态度等的养成那是关乎读书生命的事。我们仍要以"《钢铁是怎样炼成的》名著导读"为例进行观察。

《钢铁是怎样炼成的》读书方法指导

读书时，除了在书中直接圈点批注，还可以做一些摘抄和笔记。摘抄和笔记可以帮助你重温作品内容，积累语言和素材，有助于提升阅读质量，提高分析能力、鉴赏能力和写作能力。

摘抄，就是选摘、抄录原文中的词语、句子段落等。摘抄的内容可以是原作的典故、警句、精彩片段等，一般要根据学习、借鉴的意图来选择。比如阅读《钢铁是怎样炼成的》为了提高写作能力，可以摘抄生动传神的细节描写片段、启迪思想的名言警句、写作技巧运用精彩的语段；为了分析评价主人公保尔·柯察金，可以摘抄描写他言谈、举止、心理的片段以及各种人物对他的评价。

做笔记，主要有写提要和写心得两大类。写提要，就是用精练的语言准确概括全书的基本内容或要点。所写的提要，可以是语意连贯的成段文字，可以是按层次和要点罗列的提纲，还可以是能够体现作品结构思路的图表。写心得，则是记录自己阅读时产生的体验、感想，如自己对于作品的内容（人物、情节、情感、思想等）和形式（写作技巧、行文风格、艺术特色）的看法和评价，以及自己在阅读中生发的新认识、新观点。可以针对作品整体发表感想，也可以只对其中某一个或几个点进行发挥和评论。

在阅读实践中，摘抄和做笔记常常是结合在一起的，有时几则摘抄连贯起来便可以成为作品的提要，有时摘抄之后可以随手记下读书心得。

指导读书方法是统编教材的一大贡献。这就出现了名著阅读的第三维度的事——读天下书都该怎样读。这件事不是书里的事，这件事是读书人人生的事。这是书外的事，所以说这是读书的第三维度。一个读书人把书读得怎样与读书方法、习惯、态度等有重大关系。

这里我们接上前面的话题。我们来看专题探究·二：

专题二：保尔·柯察金的形象分析

保尔·柯察金具有顽强的毅力、永不言败的精神，他在重重磨砺下无所畏惧，意志如同钢铁般坚强。然而除此之外，他还有温情的一面，比如书中写到的亲情、恋情、友情等。阅读的过程中，摘录一些能够体现保尔·柯察金性格不同侧面的句子和段落，结合这些具体描写，对主人公丰满的艺术形象做出分析。

这里已明确完成"保尔·柯察金的形象分析"这一任务的方法——摘录。有方向明确的任务，有得当的读书方法指导，这读好书的两个条件已经具备。"好风凭借力，扶我上青云"，有书有方法，爱书的孩子们勤于低头读书吧，定能展"上青云"之志。

这阅读的第三维度的事真是提升读书人读书质量的事，提升读书人读书素养的事。我们一定要带领孩童学好这项本领。

教学设计样例：聆听一个中华赤子的热情放歌
——《艾青诗选》学程设计

【教学目标】

1. 通过阅读诗选了解现代诗歌的特点；
2. 认知艾青诗歌里的意象及其象征意义；
3. 感悟艾青赤诚的爱国情怀；
4. 尝试写作现代诗歌。

【阅读准备】

1. 诗集读本《艾青诗选》
2. 助读资料

（1）艾青简介

艾青（1910—1996），原名蒋海澄，浙江金华人。1928年就读于杭州西湖艺术学院，次年留学法国。1932年参加中国左翼美术家联盟。不久被捕，在狱中开始写诗，以《大堰河——我的保姆》一诗成名。1937年后辗转于武汉、山西、桂林、重庆等地参加抗日救亡活动。1941年到延安，主编《诗刊》。次年参加延安文艺座谈会。1949年后任《人民文学》副主编等职。1976年10月后，任中国作家协会副主席、国际笔会中国中心副会长，被法国授予文学艺术最高勋章。

艾青的作品把个人的悲欢融合到民族和人民的苦难与命运之中，表现出对光明的热烈向往与追求，富有强烈的时代感和现实性，感情深挚，风格独特，是继郭沫若、闻一多等人之后推动一代诗风的重要诗人。著有诗集《大堰河》《北方》《向太阳》《归来的歌》等，论文集有《诗论》《艾青谈诗》等。

（2）艾青诗歌创作道路

艾青被称为"吹芦笛的诗人"。诗人称"芦笛"是从"彩色的欧罗巴"带回的，评论家也指出从艾青的诗"明显地看得出西方近代诗人凡尔哈仑、波特莱尔的影响"。艾青的"芦笛"吹出的第一首歌是"呈给爱我如爱他自己儿子般的大堰河"，诗人在起点上就与我们多灾多难的民族与人民取得了血肉般的联系，同时还顽强地宣布要在世人的"嘲笑"中坚持"我的姿态"，唱出"我的歌"，表现出独立意志和自觉的自我意识。艾青早期诗歌所显露出来的世界潮流、民族传统与个人气质的交汇，显示了中国新诗经过近二十年的发展必然出现的历史趋归。

民族解放战争的号角一吹响，艾青即从时代的"流浪汉"变成了时代的"吹号者"，迅速地在争取独立、自由、解放的斗争中找到了自己的位置。他深入到人民中间，思索着民族的命运，探索新诗通向"民族心灵深处"的道路。1939年，他献出了第二本诗集《北方》和长诗《向太阳》以后，评论家冯雪峰对艾青的历史地位作了理论上的评定："艾青的根是深深地植在土地上"，是"在根本上就正和中国现代大众的精神结合着的、本质上的诗人"。抗战时期国统区最有影响的诗歌流派"七月派"的青年诗人们，一再申明"他们大多数人是在艾青的影响下成长起来的"，自觉地以艾青作为他们的旗帜。另一个重要诗歌流派"中国新诗派"的代表诗人穆旦在写作起点上也显然受到艾青的影响。

艾青诗歌中的土地情结以及土地的多重象征意义：艾青生于乡村的土地，长于乡村的土地，吸吮着农妇大叶荷（大堰河）的乳汁长大，从乡村的土地走向城市，再走向法国留学。回国后，他以满腔的热情想在祖国的土地上播种梦想和希望。可是，呈现在他眼前的，却是贫穷、落后、愚昧、战乱的风暴不断的祖国大地，是日本侵略者的铁蹄肆意地践踏、蹂躏着的祖国大地。在这民族危亡的关键时刻，诗人这样讴歌土地，无疑在鼓舞人们树立坚定的信念、不屈的意志。这是诗人对土地的信念，对土地的忠贞，对土地的挚爱。由此可见，土地意象已融入了诗人的生命和灵魂，它是生命之母的象征、祖国母亲的象征、民族精神的象征、中华文明的象征，也是祖国命运的象征、华夏历史的象征、民族凝聚力的象征、人民意志和力量的象征。总之，在土地意象上凝聚了诗人异常复杂的情感信息和思想信息。正因为如此，土地在诗人笔下，已成了永恒的情结。土地是诗人依恋的对象，倾诉的对象，忠诚的对象，歌颂的对象。这种种复杂的情感汇聚在一起，终于使诗人产生了一个强烈的愿望：要做一个土地最忠诚的歌者，于是便催生出《我爱这土地》这样著名的诗篇。

艾青的诗在中国新诗发展历史上所完成的是历史的"综合"的任务。一方面，坚持并发展中国诗歌会诗人"忠实于现实的、战斗的"传统，另一方面又克服、扬弃其"幼稚的叫喊"的弱点，批判吸收现代派诗人新诗艺术探讨中取得的某些成果，进一步丰富与发展新诗艺术，成为新诗第三个十年最有影响的代表诗人。

艾青有着自己独特的感受世界和艺术地表现世界的方式，其中心环节是"感觉"。艾青反对"摄像师"式的仅仅将感觉还原于感觉，强调主观情感对感觉的渗入，追求"对于外界的感受与自己的感情思想"的"融合"，并在二者的融合中产生出多层次的联想，创造出既是明晰的，又具有广阔象征意义的视觉形象。试读他的《旷野》：那"渐渐模糊的／灰黄而曲折的道路"，那"在广大的灰白里呈露出的／到处是一片土黄，暗赭／与焦茶的颜色的混合啊……"，那"灰白而混浊／茫然而莫测"的"雾"的笼罩的……既是对外界自然光、色的敏锐感受，更渗透着这位心贴着大地的行吟诗人内在世界所感到的"沉重""困厄"与"倦怠"，同时又蕴含着诗人对时代（气氛，命运）的总体把握与思索，诗中的主旋律："薄雾在迷蒙着旷野啊……"，与它的变奏："你悲哀而旷达／辛苦而又贫困的旷野啊……"，一再重复出现形成一种既是单纯、又是繁复的诗的"调子"，引起人们丰富的联想。

（3）现代诗歌特点的知识材料（见附录）

（4）诗歌意象的知识材料（略）

（5）活动安排

活动一，初读，整体感知，了解诗歌；

活动二，再读，认知意象，体会情感；

活动三，三读，制作歌集，吟咏创作。

【阅读实践】

阅读时段一

1. 学习活动

初读，整体感知，了解诗歌

2. 时间安排

一周

3. 学习活动说明

要求在一周时间内通读《艾青诗选》，了解现代诗歌的特点，了解《艾青诗选》中诗歌的写作内容，并能根据诗歌的写作内容对诗歌进行分类，为感悟欣赏诗歌、做歌集做准备。

4. 读书方法建议

朗诵与浏览相结合

5. 学习资源

附录：

（1）艾青诗歌的艺术特色

具有独特的意象和主题，其中心意象是太阳和土地，主题则是爱国主义。

据统计，艾青几百首诗中，借土地来激发诗人情绪的诗，约占26%，全面直接抒写太阳及其边缘类的诗约占10%。

具有忧郁的诗绪。

"忧郁"渗透了诗人的灵魂，永远摆脱不掉的，是构成艾青诗歌艺术特性的基本要素之一。我们可以把它叫作"艾青式的忧郁"。

散文化了的诗情律动。

艾青不仅以诗人饱满的情怀去感受生活，表达自由解放的理念，在他朴素的诗行里，他又独特地运用他曾作为画家的眼睛，从散文和绘画当中汲取诗美艺术之精华。他的散文式的诗句常以长短相间，自由活泼地表现，无拘无束；加上鲜活朴实的口语，力求一种种随诗情而产生的"内在旋律美"，与诗行内在节奏、音律与意象相一致和融合的色彩感受；他的诗，意象愈发丰满，显得那般绚丽；诗体自由的新诗创作追求，亦是他一生诗歌事业的伟大贡献。

具有独特的感受世界的方式。

强调捕捉瞬间的感觉和主观情感对感觉的渗入，重视印象在艺术创造中的作用，有独特的艾青的"光"和"色"。

（2）现代诗歌特点

现代诗歌是指五四运动至中华人民共和国成立以来的诗歌。中国近现代诗歌的主体新诗，诞生于五四新文化运动。它是适应时代的要求，以接近群众的白话语言反映现实生活，表现科学民主的革命内容，以打破旧体诗格律形式束缚为主要标志的新体诗。"现代诗"名称，开始使用于1953年——纪弦创立"现代诗社"时确立。现代诗歌特点体现为：

思想内容的集中性。

诗歌是一定的社会生活的最集中的表现。"意思犹五谷也，文，则炊而为饭；诗，则酿而为酒。"（吴乔《围炉诗话》）诗歌思想内容的集中性主要体现在：它是通过创造意境（诗的形象）来表达作者思想感情，反映社会生活的。意境，就是内情与外景的水乳交融，情理、形神的和谐统一，就是具有强烈感染力和启示力的富于诗味的艺术世界。

表达方法的抒情性。

诗歌是一种抒情的文学样式。

"诗者，志之所之也，在心为志，发言为诗。情动于中而形于言"。（《毛诗序》）

诗贵真情。"没有感情，就没有诗人，也没有诗歌。"（别林斯基）

"诗者，根情，苗言，华声，实义。"（白居易）

"诗的创作贵在自然流露。诗的生成如像自然物的生存一般，不当掺以丝毫的矫揉造作。我想新体诗的生命便在这里。"（郭沫若）

诗歌的抒情与其他文学样式的抒情相比较，其表现特别强烈。

语言形式的音乐性。

诗是最富音乐性的语言艺术。"情发于声，声成文谓之音"（《毛诗序》），和谐的音韵，鲜明的节奏，是诗歌区别于其他文学样式的一个基本特点。马克思说："既然你用韵文写，你就应该把你的韵律安排得更艺术一些。"鲁迅要求："新诗先要有节调，押大致相近的韵"。

总之，诗的本质是：通过精心制作的语言，形象地表现独特的思想感情，巧妙地从特殊中显示一般，使自我的感觉世界和情感世界达到和谐与统一。

——摘自知乐网

阅读时段二

1. 学习活动

再读，认知意象，体会情感

2. 时间安排

一周

3. 学习活动说明

要求在一周时间内复读《艾青诗选》，认知艾青诗歌中的意象，从而感悟艾青诗歌中深蕴的感情。

步骤一，学生自己寻找、整理、交流，并体会其象征义；

步骤二，阅读关于艾青诗歌的意象材料，认真感悟艾青诗歌意象的象征义，感悟艾青诗歌深蕴的感情；

步骤三，教师进行范例赏析，指导学生进行赏析；

步骤四，举办艾青诗歌朗诵会。

4. 读书方法建议

   批注法、精读法、跳读法

5. 学习资源

《试评析艾青诗歌独特的意象与主题》（见前"艾青诗歌创作道路"中内容）

阅读时段三

1. 学习活动

三读，制作歌集，吟咏创作

2. 时间安排

一周

3. 学习活动说明

通过完成时段三的任务活动，加深学生对现代诗歌的认知，加深对艾青诗歌蕴含情感的感悟，进一步培养学生学习现代诗歌的兴趣与能力，激发培养学生创造现代诗歌的兴趣与能力。

任务一，鼓励帮助学生制作歌集

关于诗歌选材说明：可以选择艾青的诗歌，也可选其他诗人的诗歌，如冰心、汪国真、牛汉、顾城、席慕蓉、海子等，更鼓励把自己创作的诗结集。可以是某一位诗人的诗，也可以是多位诗人的诗；可以是某一类诗歌，比如哲理诗、爱国诗，也可只选自己喜欢的。

建议做简单的装帧设计，也可做一点赏析。

进行集体展出，并向同学推荐阅读自己制作的歌集。

任务二，组织举办现代诗歌朗诵会

这是制作歌集活动延伸，把自己喜欢的诗歌结集，再朗诵自己喜欢的诗歌，春风化雨，美丽的诗歌种子就种下啦。

要求做好活动方案。

任务三，让我们也做诗人

做一个生活的歌者，做一个生命的歌者，做一个理想的歌者，做一个民族与国家的歌者，这是何等美丽幸福的青少年！

鼓励学生写出自己心中的诗，鼓励学生建立诗社。

教师有必要进行下水文创作，榜样的力量是无穷的。

4. 教师现代诗歌创作下水例文

戏 说 春 天

燕

剪裂阴冷的天幕

雷

滚融冰硬的雪花

笛

捅破成片的寒风

天地的舞台上
闹剧便上演——
耕牛唱老生　山鸟扮花旦
花花绿绿的原野
是歇戏的武净
麻雀仍演他的小丑
闻春而喜的农民
便规规矩矩地跑龙套
规规矩矩地跑出
接云天的梯田的齐整
规规矩矩地跑出
花潮雾海的汪洋
从早跑到晚
竟跑出了一抹抹
春腮的嫩绿与酡红

听　海

九月的海　涌动着
挤挤挨挨的忧伤
撒金的阳光把它们串起来
片片熙攘　便在心头
漾成牵魂动魄的季节潮

潮来时 涛声如歌

我知道 这是故乡河捎来的讯息

河畔 父亲在挥镰

镰声唰唰 更有滴滴银白

在一片金黄里跃动

于是溪水偷听来这个父亲的寓言

潮起 涛声如银

故乡风自北来

劫掠小院的馨香

在海的旋涡里 留下一个个

关于母亲的故事：

她在晾晒你越冬的寒服

她在絮语 霜寒日重

你是否穿上了夹衣？

潮汹涌 在雾满岚流的清晨

那海市蜃楼的缥缈里

故乡的面貌模糊而又清晰

霞光、牛羊、小院——

更有祖母踱来时 笃笃的足音

牧

9岁 父亲抱我骑上了他的青骡

我拖着哭腔乞求父亲——我怕

父亲却只是递给我马鞭

父亲给的马鞭不长

但它却惊动了一个世界

马鸣萧萧 蹄声得得

莺飞兔蹿 草伏花摇

9岁 我骑着父亲的青骡

占领了那片山野

我摇鞭啸歌

践群山为臣 驭草木为兵

一个鼻涕娃儿

牧出了一个王国

映 山 红

片片 团团 灿灿的

你一如春天的旗帜

铺展在故乡的山野

你更像魔王吧

召唤草兵 呼喝雀卒

也俘虏了我们这群娃娃兵

于是 你做了男孩的冠冕

于是 你做了女孩的手捧花

奶奶说

你是开在春寒的风里的

越是风起的夜 越有绽裂的花音

冬冷蓄深梦   余寒报春来

——岁月之后

我便真的奉你为冠冕

把你高高地擎在生命的峰巅

愿

很久前的事啦

碧水长天 季节斑斓

我乞求溪水

捎去我的问候

可溪水顽皮 只知奔流

奔流 再未回头

恐怕 它才是纯粹的游子

在一个长冷的夜

我踩着溶溶的月光 拾阶而上

于山巅 眺望

溪水已遥 我们终未同行

月华千里 你丽影绰约

浅笑流离

噢 梦深处

你一切皆好!

第二十九讲　散点透视经典的美
——以《白洋淀纪事》学程设计为例

读书是旅游的事，重在过程，有了过程，阅读就是积累，阅读后就是素养。读书不是出差的事，出差直奔目的地，不应有出差似的阅读。不细细地读故事，文学的所有风光不在。没有过程，就没有文学和文化的花明草绿。

一个作家有一个作家的风骨，一部作品有一部作品的魂魄。《白洋淀纪事》如一首奏响在文学殿堂里的红歌。它的魂魄是醇厚的人性美，是战争的勇毅美，是水畔苇荡的风光美；它的魂魄是坦荡无私的革命情怀，是荡气回肠的抗日壮歌，是朗照天地的风清月白；它的魂魄是抗争，是挚爱，是河山。这一讲我们一起仔细咂摸白洋淀的味道。孙犁老师用散点透视法将白洋淀的美展现给我们，我们也就用散点透视白洋淀的美。

名著学习我们要关注几个原则。

1. 关注名著所处的位置

关注名著所处的位置，我们能明确阅读的主要任务。

《白洋淀纪事》位于统编教材七年级上册，是第一组名著作品中的推荐阅读作品。我们来读教学用书的编写说明，明确这些推荐的阅读作品的阅读目的。引录如下：

与现行教材相比，有两个大的调整：一是在介绍某部书的内容之外，还以该书为例谈某一种阅读方法或某一类书籍的阅读策略，意在解决如何读好一本书或某一类书的问题，更好地掌握读书的方法，并增加学生读书的兴趣；二是在主要推荐的篇目以外，另外推荐2部与单元阅读方法相契合或与主要推荐名著类型相似的自主阅读篇目，为学生提供更多的选择空间。

《白洋淀纪事》的阅读目的属于"与单元阅读方法相契合"。那我们就明确本单元阅读方法。需要说明这组名著阅读作品的必读作品是《朝花夕拾》。我们抻出读书方法指导中的关键句。

关键句一，读经典作品，会丰富我们的人生感受和经验。

关键句二，读经典作品，可以帮助我们思考许多人生问题。

关键句三，读经典作品，更有利于文化积累，让自己的思想与大师们接轨。

关键句四，经典是人类智慧的结晶，阅读经典可以涵养情性，启迪人生。

这样我们得出思考，阅读《白洋淀纪事》，我们一定做到关注这些（即使不能全部关照）。

2. 关注作品内容

内容决定作品风骨，没有故事的血肉之躯就没有了作为作品精髓的风骨。无论这一讲的名著阅读任务是什么，认知理解作品的内容都是第一要务。只有明确清晰作品内容，我们才能做到"以其昭昭，使人昭昭"。读书是旅游的事，重在过程，有了过程，阅读就是积累，阅读后就是素养。读书不是出差的事，出差直奔目的地，不应有出差似的阅读。不细细地读故事，文学的所有风光不在。没有过程，就没有文学和文化的花明草绿。

3. 关注作品的特色

关注作品的特色，就是关注文学的个异性。作品的特色有的体现在内容上，有的体现在手法上，有的体现在语言上，有的体现在思想上。经典作品虽然往往是各方面俱佳，但终有一两方面是更出色的。研读这些更出色的，学生们就会获取丰富的人生感受和经验，学生们就会受益更多的情性涵养、人生启迪，学生们就会有更多的文化积累，学生们就会更多地接近文学。

4. 关注作家

有文化地位的作家就是一盏文学的明灯。文学怀有神圣的文化使命。我们要特别关注这些有文化地位的作家，他们不仅是文学文化的榜样，他们还是解读作品的钥匙。说到这，不禁想到了张载的"四为句"：为天地立心，为生民立命，为往圣继绝学，为万世开太平。当代哲学家冯友兰将其称作"横渠四句"。作家和他们的作品有这样的教化功效。

教学设计样例：水泽之畔的抗日壮歌
——《白洋淀纪事》学程设计

【教学目标】

1. 欣赏作品中塑造的鲜明的人物形象，体会揣摩人物勤劳、淳朴、善良、爱国爱家乡的品格；

2. 学习欣赏作品充满诗情画意的景物描写，理解欣赏"诗体小说"的特点；

3. 学习整部作品既是整体完美呈现，又各自单独成篇进行并列选材的艺术风格；

4. 学习白洋淀地区人民英勇抗日的爱国热忱和革命乐观主义精神。

【阅读准备】

1. 作品读本《白洋淀纪事》

2. 助读资料

（1）孙犁简介

（2）荷花淀派

（3）活动安排

阅读主题一：至纯至刚的人性美

——学习《白洋淀纪事》的人物塑造

阅读主题二：风清月白的景物美

——学习《白洋淀纪事》的环境渲染

阅读主题三：堆银砌玉的结构美

——学习《白洋淀纪事》的叙事拾絮

【阅读实践】

阅读活动一

1. 阅读主题

至纯至刚的人性美——学习《白洋淀纪事》的人物塑造

2. 时间安排

一周

3. 学习活动说明

要求在一周时间内重点阅读教师推荐篇目，并选择一两个故事进行复述，给人物做性格标签，实现对作品中人物的认知。同时要完成阅读其余篇目。

4. 读书方法建议

精读与浏览相结合

5. 学习助手

（1）教师推荐阅读篇目

《荷花淀——白洋淀纪事之一》《芦花荡——白洋淀纪事之二》《小胜儿》《吴召儿》《芦苇》《采蒲台》《白洋淀边一次小斗争》《碑》《邢兰》等。

（2）人物性格标签表

篇目	人物	性格

（3）材料链接（摘自《河北科技师范学院学报》2008年第3期）

孙犁独创了自己的美学人物体系，他用灵巧的笔触刻画了一群识大体，顾大局，具有乐观主义和献身精神的农村妇女形象系列。孙犁以抒情的笔调渲染气氛，不论是对话、叙述，还是描写，他都能从中挖掘出诗意，并用诗的笔触去赞美人物的美好心灵和积极向上的乐观性格，着重展示人物的内心和气质，从而使人物鲜活起来，达到"神似"。

在《荷花淀》里，水生嫂是一个勤劳、质朴、勇敢的妇女，在大敌当前，国难当头时，她明大义，识大体，舍小家，顾大家，把对丈夫的爱与对祖国的爱结合起来，积极支持丈夫参军，投入到抗日战争中。她认为凡是男人能做到的，女人也能做到。因此，她也和妇女们组织了抗日队伍，并以饱满的热情投入到了保卫祖国，保卫家园的抗战洪流中，表现出爱丈夫、爱家乡、爱祖国的美好的精神世界和高尚的情操。

又如小说中几个女人没见到丈夫回来时，有过这样的话："可慌（高兴）哩，比什么都慌，比过新年、娶新——也没见他这么慌过！"一个"慌"字生动地表现了青年妇女那种既兴高采烈又迫不及待的心情，从而让我们看到了青年妇女们那颗火热的心。而那位女人说到"娶新"二字时，心里一羞，脸上一红，灵机一动，舌头一卷，忙把吐到嘴边的"媳妇"两字咽下去了，诗境一般地显现了人物心灵深处的一闪念，一个可爱的妇女形象便鲜活地呈现在我们面前。

此外，还有《钟》里的慧秀和大秋，《风云初记》里的春儿和芒种，《山地回忆》中的妞儿，都是孙犁寄托着某种精神与理想的诗化人物。在他们身上，孙犁看到了冀中人民那些最有光彩的品质。他们以坚强的意志，承受着牺牲的痛苦，以从容的态度，迎接着每一个崭新的黎明。孙犁热情地歌颂着人情美和人性美，并在这些人物身上，寄寓了光明和希望。

（节选自《悠悠荷面依依情——论孙犁小说的艺术特色》）

阅读活动二

1. 阅读主题

风清月白的景物美——学习《白洋淀纪事》的环境渲染

2. 时间安排

一周

3. 学习活动说明

要求在一周时间内重点阅读教师推荐篇目，摘录优美的景物描写，并制成一张手抄报，主题为"《白洋淀纪事》的景物美"。

进行一次家乡景物写作，要求体现家乡风景特色，并组建一个作品制作小组，把学生作品结集成册，建议做适当装帧设计。

4. 读书方法建议

精读（可适当做批注）与浏览相结合

5. 学习助手

（1）教师推荐阅读篇目

《荷花淀——白洋淀纪事之一》《芦花荡——白洋淀纪事之二》《嘱咐》《蒿儿梁》《碑》等。

推荐理由:《荷花淀——白洋淀纪事之一》《芦花荡——白洋淀纪事之二》《嘱咐》等是描写白洋淀风景的典型篇目,《蒿儿梁》是描写五台山地区风景的典型篇目,《碑》是描写滹沱河风景的典型篇目。

(2)材料链接(摘自《河北科技师范学院学报》2008年第3期)

孙犁对白洋淀水乡情有独钟,无论是作为战斗的场所,还是作为人们生活的地方,孙犁都将它描绘得非常美丽。白洋淀富饶美丽,荷香四溢,成为孙犁最钟爱的绘画背景和素材,孙犁曾在多部作品中描绘白洋淀的优美风光。

如《荷花淀》,"每年芦花飘飞苇叶黄的时候,全淀的芦苇收割,垛起来,在白洋淀周围的广场上,就成了一条苇子的长城"。作者驰骋想象,几笔勾画就把景物写得如此逼真传神,"苇子的长城"令读者眼前出现一幅壮观优美的画面,让我们联想到了抗战阵线的坚固,景物描写充满寓意,使得作品含蓄蕴藉,意境深远。

《芦花荡》的结尾处,当老人巧设陷阱、诱敌深入以后,作者写道:"他狠狠的敲打,向着苇塘望一眼。在那里,鲜嫩的芦花,一片展开的紫色的丝绒,正在迎风飘撒。"这里虽是你死我活的战场,但是绽放的芦花一片绚烂,随风飘撒,勾勒出荷花淀冲淡幽远的意境,并巧妙烘托出老人从容自信的心理。

(节选自《悠悠荷面依依情——论孙犁小说的艺术特色》)

阅读活动三

1. 阅读主题

堆银砌玉的结构美——学习《白洋淀纪事》的叙事拾絮

2. 时间安排

一周

3. 学习活动说明

要求在一周时间内重点阅读教师推荐篇目,并阅读《湘行散记》,体会两部作品结构上的相同点，即都采用了中国传统的"散点透视法"，将纷繁复杂的事物呈现于有限的篇幅中，并将作者的感慨贯穿其中。

《白洋淀纪事》是讲述千千万万小人物事迹的一本书，以一个个日常小故事串联，记录了白洋淀发生的故事。《湘行散记》同样用若干的故事，若干个人物写湘西。

同时引导学生借助教师推荐阅读篇目的阅读，理解某一个作品的画面连缀的结构。

活动建议：

（1）写书评：欣赏《白洋淀纪事》和《湘行散记》叙事结构，二三百字。

（2）阅读《猎人笔记》或《城南旧事》，理解体会其共同的结构特点。

建议学生根据自己的情况选择适合自己或自己喜欢的一项活动。

4. 读书方法建议

　　精读与浏览相结合

5. 学习助手

（1）教师推荐阅读篇目

《游击区生活一星期》《琴和箫》《正月》《女人们（三篇）》《山地回忆》等。

（2）材料链接（摘自《河北科技师范学院学报》2008年第3期）

孙犁小说不注重故事情节的完整和曲折离奇，而集中描写生活的某一片段、人物、侧面或场景，以散文的抒情笔法来结构小说，善于选择与人物性格相关的生活片段，灵活自如地加以穿插，使人物的性格命运、生活片段和作者的议论融为一体，随着人物情感的变化，结构上表现出活泼生动的特点。有些小说，甚至采用画面连缀的结构，只摘取生活中最适合构造意境的部分，甚至没有传统意义上的开头和结尾，一切都像生活本身一样，像一条流动着的小河。让人乍看起来觉得故事还没有讲完，人物塑造得还不够完全，小说的画面与画面、片段与片段间，仿佛是随意地连缀在一起，但细细品味，这种连缀又体现出巧妙的艺术匠心，一切都似乎是顺其自然、水到渠成，别有一番深长的韵味。

《山地回忆》写的是战争年代军人与老百姓之间亲如一家的鱼水之情。小说以回忆起笔，亲切自然，娓娓而谈，将战争时期几个平凡的生活片段连缀起来。小说从文体到结构都具有散文的散漫、灵活与自如的特点。尽管故事本身是虚构的，情节也无大的波澜起伏，却比有些情节生动的小说更感人更有吸引力，因为作者用散文般的笔触描绘出的是生活中的诗意、温情与美好，是战争年代建立的那种人与人之间珍贵的情感。从这个意义上说，孙犁小说的文体结构的散文美与简洁美，并不是作者在刻意经营，而是内容与形式的高度统一、相辅相成的结果。

又如《琴和箫》，用第一人称叙述，结构松散，通篇没有震撼人心的情节描写，也没有激烈的矛盾冲突，几乎没有什么故事，所写的几乎都是些生活的小片段和细节，作者着墨较多的是钱智修夫妇共同的音乐爱好，和运用琴箫所传达的相知相通的情感生活，是他们两个女儿的可爱俊气与音乐天赋，是这一家人在战争中的奉献和牺牲，贯穿作品的是作者对他们深切的怀念与哀痛的情感。小说虽然没有引人入胜的故事，但我们却被美好的生命的毁灭所震撼了，也被作者深深的情感所打动。

（节选自《悠悠荷面依依情——论孙犁小说的艺术特色》）

第三十讲　走近真实，遇见文学
纪实文学阅读之旅
——以《红星照耀中国》推进性阅读为例

教师应加强引导学生认知纪实文学作品的体裁特征。在具体的阅读生活中，青少年对纪实文学作品认知不强，严重影响对作品的理解、对人物的了解。教师引导学生认知其真实性、文学性的特点显得尤为重要。

部编语文教材有其突出特点和创新之处，"重视阅读能力与阅读兴趣的培养，建设'三位一体'的阅读教学体系"就是一个具体体现。

新编教材的阅读教学，以各单元课文学习（分"教读课文"和"自读课文"）为主，辅之以"名著导读"和"课外古诗词诵读"，共同构建一个从"教读课文"到"自读课文"再到"课外阅读"的"三位一体"的阅读体系，并在这方面凸显特色，以更好地贯彻课程标准提出的"多读书，好读书，读好书，读整本的书"的倡议，并达到课标提出的课内外阅读总量400万字的要求。（《义务教育教科书·教师教学用书》）

其中，课外阅读强调的一个内容就是关于名著的整本书阅读。

八年级上册第一组名著阅读推荐的是纪实文学作品。主要推荐篇目是《红星照耀中国》，推荐的自主阅读篇目是《长征》（王树增）、《飞向太空港》（李鸣生）。关于《红星照耀中国》的推荐阅读，教材有明确的读书方法指导，下面摘录一条,以求明确。

最后,阅读纪实作品,最终是要从中获得启迪,用来指导自己的学习与生活。为此,一要从事实中汲取营养,二要向作者"取经",三要善于进行联系、比较、分析。阅读《红星照耀中国》,首先应该从中国共产党人和红军为国家和民族的命运浴血奋战的历史中汲取精神营养,其次要学习作者斯诺作为新闻记者的敬业精神和探求真相的可贵勇气,再次要善于参考相关资料(如历史课本及其他记录中国共产党、中国工农红军历史的纪实作品),并联系当今的社会实际进行分析和思考。

毋庸赘述,这是阅读这部红色经典的意义阐述,这样的阅读意义阐述(其中的第一条、第三条)同样是适用于推荐阅读《长征》的。

下面是自主阅读推荐《飞向太空港》的一段文字:

几十年来,中国航天事业从无到有,由弱到强,沿着自力更生、自主创新的道路不断发展。几代航天人锐意创新,攻坚克难,团结协作,无私奉献,积淀了深厚博大的航天精神。阅读《飞向太空港》,有助于我们具体了解这种精神的实质,也能激励我们立志奋进,砥砺前行。

综上,这组纪实文学作品涵盖了两方面的内容:前两部作品《红星照耀中国》《长征》展现的是革命战争生活;《飞向太空港》展现的是社会主义建设时期的航天事业的一个胜利。阅读这些经典纪实作品,能使青少年汲取"立德树人"的养料,为他们的成长奠基。

同时,教师应加强引导学生认知纪实文学作品的体裁特征。在具体的阅读生活中,青少年对纪实文学作品认知不强,严重影响对作品的理解、对人物的了解。教师引导学生认知其真实性、文学性的特点显得尤为重要。

教学设计样例：走近真实　遇见文学

——《红星照耀中国》纪实作品推进阅读

【教学目标】

1. 通过跳读和比较阅读作品中关于人物或长征故事的有关章节，理解纪实作品真实性、文学性兼有的特点；

2. 通过了解经典纪实作品中人物的精神风貌，感悟老一辈无产阶级革命家的革命情怀，树立正确的人生观与价值观。

【教学重点】

理解纪实作品的真实性与文学性。

【教学流程】

一、播放歌唱视频，认知作品知识

1. 播放视频《七律·长征》，渲染气氛，激发兴趣，引出学习主题：纪实作品的真实性与文学性。

2. 认知作品知识，铺垫阅读理解

（1）《红星照耀中国》的体裁是____，这种文学体裁的特点有____、____、____。

（报告文学；及时性、纪实性、文学性）

（2）《红星照耀中国》书名的含义是什么？

（"红星"在西方语境中指下层民众参加的，造旧世界反的民主革命。"红星照耀中国"特指中国共产党及其领导的革命事业，强调中国共产党给中国带来光明，表达了对中国共产党的赞美之情。

狭义理解：红军就是星，这些可亲可敬的领袖就是星，广大的红军战士就是星。）

二、比较阅读知纪实文学

1. 识"星"知领袖

【屏显】

第一组：通过外貌特征描写指出代表的人物。

（1）他是个面容瘦削，看上去很像林肯的人物，个子高出一般的中国人。

（2）他个子清瘦，中等身材，骨骼小而结实，尽管胡子又长又黑，外表仍不失孩子气。

（3）他是个大个子，像只老虎一样强壮有力。年过半百，仍很健康。

（4）他，身材不高，但很结实，胳膊和腿却像铁打的一样。

（5）新来的那个人马上面露笑容，脸涨得通红，嘴里露出掉了两个门牙的大窟窿，使他有了一种顽皮的孩子相。

（明确：领袖人物分别是毛泽东、周恩来、贺龙、朱德、徐海东）

第二组：在横线上填写人名，并作出关于人物性格的批注。

片段一

_____的伙食也同每个人一样，但因为是湖南人，他有着南方人"爱辣"的癖好。他甚至用辣椒夹着馒头吃。除了这种癖好之外，他对于吃的东西就很随便。有一次吃晚饭的时候，我听到他发表爱吃辣的人都是革命者的理论。他首先举出他的本省湖南，就是因产生革命家出名的。他又列举了西班牙、墨西哥、俄国和法国来证明他的说法，可是后来有人提出意大利人也是以爱吃红辣椒和大蒜出名的例子来反驳他，他又只得笑着认输了。附带说一句，"赤匪"中间流行的一首最有趣的歌曲叫《红辣椒》。它唱的是辣椒对自己活着供人吃食没有意义感到不满，它嘲笑白菜、菠菜、青豆的浑浑噩噩、没有骨气的生活，终于领导了一场蔬菜的起义。这首《红辣椒》是_____最爱唱的歌。

片段二

_____迟睡早起，不像毛泽东那样迟睡也迟起。就我所知，_____每天晚上平均只睡四五个小时。他从来都是不急不忙的，但总是很忙碌。我记得那天早上一军团接到命令要前进两百里到敌区的海原，我多么吃惊：_____在早饭以前发完了一切必要的命令后，下来同我一起吃饭，饭后他就马上上路，好像是到乡下去郊游一样，带着他的参谋人员走过预旺堡的大街，停下来同出来向他道别的穆斯林阿訇说话。大军似乎是自己管理自己的。

……

我注意到，＿＿＿很喜欢孩子，他的身后常常有一群孩子跟着。许多孩子充当勤务员、通讯员、号兵、马夫，作为红军正规部队组织起来，叫作少年先锋队。我常常见到＿＿＿和两三个"红小鬼"坐在一起，认真地向他们讲政治和他们个人问题。他很尊重他们。

（明确：人物一，毛泽东；人物二，彭德怀）

小组交流展示批注成果。

学习认知：这是纪实作品中人物刻画的真实性与文学性的具体体现。

2. 比较阅读

篇目：《大渡河英雄》（选自《红星照耀中国》）与《飞夺泸定桥》（选自人教版小学语文第十二册）

附录一：

大渡河英雄

泸定桥建桥已有数百年的历史，同华西急流深河上的所有桥梁一样都是用铁索修成的。一共有十六条长达一百多码的粗大铁索横跨在河上，铁索两端埋在石块砌成的桥头堡下面，用水泥封住。铁索上面铺了厚木板做桥面，但是当红军到达时，他们发现已有一半的木板被撬走了，在他们面前到河流中心之间只有空铁索。在北岸的桥头堡有个敌军的机枪阵地面对着他们，后面是一师白军据守的阵地。当然，这座桥本来是应该炸毁的，但是四川人对他们少数几条桥感情很深；修桥很困难，代价也大。据说光是修泸定桥"就花了十八省捐献的钱财"。反正谁会想到红军会在没有桥板的铁索上过桥呢，那不是发疯了吗？但是红军就是这样做的。

机不可失。必须在敌人援军到达之前把桥占领。于是再一次征求志愿人员。红军战士一个个站出来愿意冒生命危险，于是在报名的人中最后选了三十个人。他们身上背了毛瑟枪和手榴弹，马上就爬到沸腾的河流上去了，紧紧地抓住了铁索一步一抓地前进。红军机枪向敌军碉堡开火，子弹都飞迸在桥头堡上。敌军也以机枪回报，狙击手向着在河流上空摇晃地向他们慢慢爬行前进的红军射击。第一个战士中了弹，掉到了下面的急流中，接着又有第二个，第三个。但是别的人越来越爬近到桥中央，桥上的木板对这些敢死队起了一点保护作用，敌人的大部分子弹都迸了开去，或者落在对岸的悬崖上。

四川军队大概从来没有见过这样的战士——这些人当兵不只是为了有个饭碗，这些青年为了胜利而甘于送命。他们是人，是疯子，还是神？迷信的四川军队这样嘀咕。他们自己的斗志受到了影响；也许他们故意开乱枪不想打死他们；也许有些人暗中祈祷对方冒险成功！终于有一个红军战士爬上了桥板，拉开一个手榴弹，向敌人碉堡投去，一掷中的。军官这时急忙下令拆毁剩下的桥板，但是已经迟了。又有几个红军爬了过来。敌人把煤油倒在桥板上，开始烧了起来。但是这时已有二十个左右红军匍匐向前爬了过来，把手榴弹一个接着一个投到了敌军机枪阵地。

突然，他们在南岸的同志们开始兴高采烈地高呼："红军万岁！革命万岁！大渡河三十英雄万岁！"原来白军已经仓皇后撤！进攻的红军全速前进，冒着舔人的火焰冲过了余下的桥板。纵身跳进敌人碉堡，把敌人丢弃的机枪掉过头来对准岸上。

这时便有更多的红军蜂拥爬上了铁索，赶来扑灭了火焰，铺上了新板。不久，在安顺场过了河的一师红军也出现了，对残余的敌军阵地展开侧翼进攻，这样没有多久白军就全部窜逃——有的是窜逃，有的是同红军一起追击，因为有一百左右的四川军队缴械投诚，参加追击。一两个小时之内，全军就兴高采烈地一边放声高唱，一边渡过了大渡河，进入了四川境内。在他们头顶上空，蒋介石的飞机无可奈何地怒吼着，红军发疯一样向他们叫喊挑战。在"共"军蜂拥渡河的时候，这些飞机企图炸毁铁索桥，但炸弹都掉在河里，溅起一片水花。

安顺场和泸定桥的英雄由于英勇过人得到了金星奖章，这是中国红军的最高勋章。我后来在宁夏，还会碰到他们几个，对他们那样年轻感到惊讶，因为他们的年纪都不到二十五岁。

附录二：

飞夺泸定桥

1935 年 5 月，北上抗日的红军向天险大渡河挺进。大渡河水流湍急，两岸都是高山峻岭，只有一座铁索桥可以通过。这座铁索桥，就是红军北上必须夺取的泸定桥。

国民党反动派早就派了两个团防守泸定桥，阻拦红军北上；后来又调了两个旅赶去增援，妄想把我红军消灭在桥头上。我军早就看穿了敌人的诡计。28 日早上，红四团接到上级命令："29 日早晨夺下泸定桥！"时间只剩下 20 多个小时了，红四团离泸定桥还有 240 里。敌人的两个旅援兵正在对岸向泸定桥行进。抢在敌人前头，是我军战胜敌人的关键。

红四团翻山越岭，沿路击溃了好几股阻击的敌人，到晚上 7 点钟，离泸定桥还有 110 里。战士们一整天没顾得上吃饭。天又下起雨来，把他们都淋透了。战胜敌人的决心使他们忘记了饥饿和疲劳。在漆黑的夜里，他们冒着雨，踩着泥水继续前进。

忽然对岸出现了无数火把，像一条长蛇向泸定桥的方向奔去，分明是敌人的增援部队。红四团的战士索性也点起火把，照亮了道路跟对岸的敌人赛跑。敌人看到了这边的火把，扯着嗓子喊："你们是哪个部分的？"我们的战士高声答话："是碰上红军撒下来的。"对岸的敌人并不疑心。两支军队像两条火龙，隔着大渡河走了二三十里。雨越下越猛，像瓢泼一样，把两岸的火把都浇灭了。对岸的敌人不能再走，只好停下来宿营。红四团仍旧摸黑冒雨前进，终于在29日清晨赶到了泸定桥，把增援的两个旅的敌人抛在后面了。

泸定桥离水面有好几丈高，是由13根铁链组成的：两边各有两根，算是桥栏；底下并排9根，铺上木板，就是桥面。人走在桥上摇摇晃晃，就像荡秋千似的。现在连木板也被敌人抽掉了，只剩下铁链。向桥下一看，真叫人心惊胆寒，红褐色的河水像瀑布一样，从上游的山峡里直泻下来，撞击在岩石上，溅起一丈多高的浪花，涛声震耳欲聋。桥对岸的泸定桥背靠着山，西门正对着桥头。守城的两个团的敌人早已在城墙和山坡上筑好工事，凭着天险，疯狂地向红军喊叫："来吧，看你们飞过来吧！"

红四团马上发起总攻。团长和政委亲自站在桥头上指挥战斗。号手们吹起冲锋号，所有武器一齐开火，枪炮声、喊杀声，霎时间震动山谷。二连担任突击队，22位英雄拿着短枪，背着马刀，带着手榴弹，冒着敌人密集的枪弹，攀着铁链向对岸冲去。跟在他们后面的是三连，战士们除了武器，每人带一块木板，一边前进一边铺桥。

突击队刚刚冲到对岸，敌人就放起火来，桥头立刻被大火包围了。在这千钧一发的时刻，传来了团长和政委的喊声："同志们！为了党的事业，为了最后的胜利，冲呀！"英雄们听到党的号召，更加奋不顾身，都箭一般地穿过熊熊大火，冲进城去，和城里的敌人展开了激烈的搏斗。激战了两个小时，守城的敌人被消灭了大半，其余的都狼狈地逃跑了。

红四团英勇地夺下了泸定桥，取得了长征中的又一次决定性的胜利。红军的主力渡过了天险大渡河，浩浩荡荡地奔赴抗日的最前线。

学习认知：

《大渡河英雄》《飞夺泸定桥》两篇文章叙述的是一个故事，是真实的。《大渡河英雄》叙述故事注重细节描写，体现了报告文学文学性的特点。《飞夺泸定桥》这则故事的文学性更强，借助更多文学手法进行描写渲染。

《红星照耀中国》是一部纪实作品，纪实作品的确不像你们之前读过的一些文学艺术作品：要么有曲折跌宕的情节，要么有华丽隽永的语言，或者丰富神奇的想象，但它也有自己的特点和价值。同学们要把握纪实作品的基本特点——只能开掘典型，不能塑造典型，它可以用一切文学手段，但在量上有严格的限制：不准虚构、夸张。总结阅读纪实作品的方法，学会用客观、理性的态度阅读纪实作品。